Bernardus Peeters

Colección SERVIDORES Y TESTIGOS

191

Hugo Vanheeswijck

Bernardus Peeters

La sabiduría de un abad

Prólogo de
dom Roberto de la Iglesia, OCSO

Título original:
Wijsheid van een abt.
Bernardus Peeters

© Otheo Books, 2025
Halewijnlaan 92, 2050 Amberes, Bélgica
www.otheobooks.be

Foto de cubierta: © Koen Broos

Traducción del neerlandés:
Francisco Rafael de Pascual, OCSO

© Editorial Sal Terrae, 2025
Grupo de Comunicación Loyola
Polígono de Raos, Parcela 14-I
39600 Maliaño (Cantabria) – España
Tfno.: +34 944 470 358
info@gcloyola.com / gcloyola.com

Imprimatur:
✠ Arturo Ros Murgadas
Obispo de Santander
31-10-2025

Diseño de cubierta:
Félix Cuadrado Basas (*Sinclair*)

Impreso en España. *Printed in Spain*
ISBN: 978-84-293-3272-0
Depósito legal: BI-1263-2025

Fotocomposición:
Rico Adrados, S. L. – Burgos / www.ricoadrados.com

Impresión y encuadernación:
Gráficas Fernan – Bilbao (Vizcaya) / graficasfernan.com

Índice

SEGUNDA PARTE
VIVIR COMO CISTERCIENSE

Prólogo a la edición en lengua española

Conocí al protagonista de este libro hace ya unos quince años. Fue en el capítulo general de nuestra orden en la preciosa ciudad de Asís. Él era un joven abad y yo un delegado de la región española en el capítulo. Recuerdo que las aportaciones de dom Bernardus en la reunión y los encargos pastorales que recibía hacían de él un peso pesado de la orden. Con los años todo esto se fue incrementando hasta que, casi naturalmente, los superiores nos fijamos en él para hacerlo abad general.

Tuve la ocasión de ir a su monasterio, Nuestra Señora de Koningshoeven, en Tilburg, Países Bajos, cuando él aún era abad de allí. Recuerdo que cuando le escribí para hablarle de esta posibilidad, me respondió muy efusivamente diciéndome que me recibiría encantado. Su monasterio de origen es enorme, lo percibí como un enjambre bien conjuntado y armonioso. Lo que más sobresalía en todo el conjunto era su fábrica de cerveza, en un edificio de la misma abadía, a la izquierda de la gran puerta de entrada. Pero también había otras industrias como panadería, fábrica de quesos y algo más que ahora no recuerdo. Dom Bernardus me comentó que, como la cervecería estaba ya casi toda ella en manos de profesionales y laicos, había buscado otra clase de trabajo para los monjes. Cuando me enseñó la panadería, de pequeño tamaño, me dijo que era muy fácil hacer pan y que lo pensara también para mi monasterio. Yo me di cuenta entonces de que Bernardus era un tipo muy animoso y decidido, ya que a mí no me parecía tan fácil hacer pan y menos aún comercializarlo.

También me llamó la atención que la estructura física de la abadía –la iglesia, el claustro, el refectorio– me recordaba a la abadía de Santa María de Viaceli en Cantabria. Al comentar esto con él, me dijo que dos hermanos de su monasterio habían ayudado a construir la abadía de Viaceli y era posible que hubieran reproducido el plano de su monasterio de procedencia.

Pero lo más importante de un monasterio son sus piedras vivas, la comunidad. Los monjes de Tilburg eran relativamente jóvenes y numerosos, habida cuenta de la secularización tan grande a la que se han visto sometidos los Países Bajos. Era una comunidad pluricultural. Además de hermanos autóctonos, había keniatas, indonesios y quizá de algún otro país más del que ahora no me acuerdo. Se veía como un crisol de culturas que vivían en armonía, dirigido por un abad muy capaz.

El libro que tiene el amable lector en sus manos deja traslucir «la sabiduría de un abad», en este caso de dom Bernardus Peeters. En verdad, la vida monástica se puede definir como la búsqueda de la sabiduría, de la Verdad, que coincide con la Vida, y que no es otra que Jesucristo. La sabiduría no se compone solo de temas a estudiar, sino más bien de la experiencia vital que los libros ayudan a comprender, interpretar y valorar en su justa medida.

Esta es la sabiduría de la que nos habla dom Bernardus en este pequeño pero precioso libro, en un recorrido que abarca su ámbito vital desde la infancia hasta el hoy que le toca vivir como abad general de la Orden Cisterciense de la Estricta Observancia (OCSO), comúnmente llamados trapenses, a la que yo también indignamente pertenezco.

Dom Bernardus no es muy conocido en los ámbitos hispanohablantes; por eso, iniciativas como este libro son bienvenidas, pues ponen a disposición de ellos toda su hondura.

El abad general de los trapenses tiene como misión procurar «la renovación espiritual de las comunidades» (*Constituciones* 82). Este interés por la renovación espiritual de la orden queda bien atestiguado en esta obra. En ella podemos observar cómo dom Bernardus sabe mezclar la sana tradición con el cuestionamiento crítico y la apertura a lo nuevo, signos del Espíritu (cf. Jn 3,3-8). Su vida pastoral como abad de su comunidad primero, y como abad general de la orden después, es una sabia conjunción de escucha, comprensión de la tradición y coraje para servir a la Verdad y estar abiertos a la novedad de Dios.

La primera vez que él visitó nuestra reunión regional, en 2022, en la que participamos los superiores y superioras de nuestros monasterios en España y los delegados de las comunidades, nos advirtió que traía varias *bombas* en la maleta y que las iría soltando a lo largo de la reunión. Fueron *bombas* que no causaron estragos, sino cuestionamientos fecundos, algunos de los cuales seguimos trabajando aún hoy.

Dom Bernardus es un hombre inteligente y perspicaz, lo que, unido a su gran memoria, hace que relacione fácilmente ideas y hechos que para muchos pasarían desapercibidos. Uno de sus colaboradores más cercanos me dijo una vez: «Dom Bernardus lleva toda la orden en la cabeza», en el sentido de que estaba al tanto de todo y de todos.

Este libro tiene frases apodícticas, parecidas a las sentencias de los padres del desierto, que son verdaderas joyas de vida cristiana por la síntesis espiritual que contienen en pocas palabras. El lector las irá descubriendo por sí mismo.

Solo me queda dar las gracias a quien ha puesto a nuestra disposición esta obra y, en concreto, al traductor, el P. Francisco Rafael de Pascual, OCSO, y al Grupo de Comunicación Loyola, que ha decidido incluirla en la colección Servidores y testigos de la editorial Sal Terrae. Que el Señor nos llene a todos de su gracia y de su paz.

DOM ROBERTO DE LA IGLESIA,
abad de San Pedro de Cardeña (Burgos)
y presidente de la Conferencia Regional Española OCSO

Introducción

Desde hace medio siglo visito regularmente abadías en varios continentes, me sumerjo en la lectura de y sobre los seguidores de san Benito y mantengo conversaciones con monjes y monjas. Con quien más afinidad siento es con los cistercienses de la estricta observancia, más conocidos como trapenses.

El trapense Bernardus Peeters es el protagonista de este libro. En un escrito que data de principios de este siglo, cuando era prior de la abadía de Nuestra Señora de Koningshoeven, en los Países Bajos, se pregunta si pertenece a la última generación de trapenses: «¿Estamos llamados a cuidar de nuestros hermanos mayores y a proporcionarles una vejez digna? Si es así, ¿quién se ocupará de nosotros más adelante...? Ahora que solo somos doce, oímos con frecuencia el lamento de que somos una raza en extinción»[1].

Han pasado ya veinticinco años. Mucho ha cambiado, tanto en la Iglesia como en la sociedad, pero también en la vida de Bernardus. Después de ser prior en la abadía de Koningshoeven, fue abad allí durante muchos años. Desde el 11 de febrero de 2022 es abad general o superior general de la orden de los monjes y las monjas trapenses en todo el mundo.

He hablado con él en profundidad. Nuestros encuentros abarcan un periodo de tres años. Muy pronto pude experi-

---

[1] Bert CLAERHOUT, *Een leven van liefde. Cisterciënzers in de Lage Landen op weg naar de 21ste eeuw*, Lannoo, Tielt 1999, 95.

mentar hasta qué punto la vida de dom Bernardus es como la de un funambulista. Es un experto en el arte del equilibrio. Con los dos pies en un mundo en constante movimiento, su corazón está completamente movido por la espiritualidad de la Regla de san Benito. La búsqueda constante del equilibrio adecuado es típica de esta Regla. Encontrar el equilibrio adecuado entre la oración y el trabajo, la economía y la naturaleza, lo externo y lo interno, la acción y la contemplación, la felicidad personal y la convivencia con los demás en comunidad.

El lema «¡Busca a Dios y vive!», que Bernardus Peeters eligió en 2005 cuando se convirtió en abad de la abadía de Koningshoeven, resume muy bien su visión de la vida. Nos dice que debemos tomarnos en serio nuestra existencia. Los signos de exclamación no están ahí por casualidad. En el profeta Amós, el libro de la Biblia del que están tomadas estas palabras, no aparecen. «Quizá no sea muy bíblico añadirlos», dice Bernardus, «pero lo hago porque para mí son muy importantes. ¡Estamos llamados a vivir! No solo después de esta vida, sino aquí y ahora. Esto significa que debemos estar plenamente integrados en la sociedad y comprometernos por esta tierra con todo lo que tenemos y somos. Esto no es antirreligioso. Es precisamente vocación nuestra involucrar a Dios en la vida concreta de cada día». Llevemos con nosotros el lema de Bernardus, porque es la lente que nos permite ver con claridad lo que vendrá después.

HUGO VANHEESWIJCK

PRIMERA PARTE
CÓMO EMPEZÓ TODO

1

La primera experiencia de Dios

Bernardus –este es su nombre en el monasterio, su nombre de bautismo es Pascal– nació en 1968 en la clínica materno-infantil de Heerlen, un lugar al que acudían casi todas las madres de la zona para dar a luz a sus hijos. Así fue también en el caso del bebé del bucólico pueblo de Simpelveld, topónimo que significa «un lugar sencillo en este mundo».

Desde el comienzo de la vida, cada ser humano, como hijo de su tiempo y su cultura, debe cumplir su vocación y elegir lo mejor. Durante la infancia y la juventud de Bernardus, la creciente multiculturalidad plantea el reto de aprender a convivir, y la progresiva globalización choca con un nacionalismo cada vez más fuerte y un impulso hacia el aislacionismo. Es una época en la que se dan grandes avances digitales, lo que hace posible la comunicación continua. Al mismo tiempo, surge el hiperindividualismo y la soledad acecha a muchas personas. La producción sin límites y el consumo desmedido se dan la mano, con el deseo de reducir la huella ecológica como frágil contrapeso. La secularización, incluso el secularismo agresivo, y una fe ciega en la autonomía del ser humano proponen la verdad intrínseca y empíricamente verificable como la única verdad posible. La Iglesia católica está experimentando un crecimiento cuantitativo en todo el mundo; pero en Europa occidental está en declive. Se presentan paradojas vitales totalmente nuevas, y el ser humano busca equilibrios, sobre todo en lo que se refiere a la definición y la vivencia de la fe.

Quien pasea hoy por Simpelveld, rodeado de un paisaje rural de colinas, entre las cruces de los campos, las iglesias y las capillas, se ve catapultado, por así decirlo, a tiempos pasados. Cuando le pregunto por su hogar de antaño, Bernardus describe sin vacilar y con gran detalle los lugares que han marcado su vida y que siguen haciéndolo. «Sería una tarea divertida», dice Bernardus, «pasear por Simpelveld y señalar algunos lugares que han desempeñado un papel importante en mi infancia. Me gustaría hacerlo; volver a ver los lugares que me eran queridos».

El abad general habla a menudo de sus padres, de la fe que le inculcaron en casa. Con el paso de los años, su padre y su madre parecen estar cada vez más presentes en su corazón. Aunque casi ciento cincuenta abadías y prioratos en todo el mundo se han convertido en su lugar de trabajo, sigue muy arraigado en la tierra de su infancia.

Bernardus recuerda muy bien cómo, de niño, pudo experimentar el amor de Dios. Su hermano mayor era monaguillo y él también quería serlo, pero con cinco o seis años era demasiado pequeño. Estaba celoso de su hermano mayor, lloraba y pataleaba para dejar claro que no le gustaba. Su madre pidió consejo a la hermana que se ocupaba de la iglesia del convento. La respuesta fue clara: «Imposible, no puede ser antes de la primera comunión». Como posible solución, la hermana le propuso que asistiera por las tardes a las alabanzas, algo que formaba parte de la rutina diaria de las hermanas. La hermana sacristana daba por hecho que el pequeño no aguantaría. Qué error de cálculo.

Bernardus acudía fielmente todas las tardes y el sacerdote llevaba siempre la misma vestidura litúrgica con el texto: *Deus caritas est*. Como el joven monaguillo se distraía mirando a las hermanas sentadas en los bancos, la hermana sacristana se lo prohibió, por lo que no le quedó más remedio que estudiar las letras de la vestidura litúrgica. Apenas sabía leer, por lo que cada noche deletreaba las tres palabras. En un momento dado, le preguntó a su madre: «¿Qué significa *Deus*?». Su madre sabía que significaba Dios, pero no conocía las demás palabras. Un sacerdote le enseñó la traducción de la frase completa: «Dios es amor».

Desde ese momento, las palabras «Dios es amor» se convirtieron en una oración para Bernardus, sin que él fuera del todo consciente de ello. Es como si se hubiera allanado el camino para la experiencia del amor de Dios. Esto sorprendió a Bernardus a una edad temprana. Era de noche y quedó sobrecogido por la intensa sensación de estar envuelto en el amor de Dios. «Tenía la sensación de que había alguien más grande que yo, más grande que el lugar donde estábamos. Incluso ahora sigo sin poder describir bien aquella sensación, pero la experiencia en sí fue muy clara. Era como si alguien me dijera: "Te amo". Desde aquel momento, esto es la base de mi vida. Se me ha quedado grabado y se ha ido desarrollando a lo largo de mi vida».

El amor nos aleja de nosotros mismos

Bernardus afirma que la base de nuestra condición humana consiste en que hemos nacido para amar, porque un Dios amoroso nos ha creado así. «Dios quiere que cada uno de nosotros experimente el amor, y nuestra respuesta a este amor infinito y divino solo puede ser el amor recíproco. Sigo considerando esto como una misión inconcebible en la que participan todas las personas, sin excepción: estar en la tierra para amar».

Pero el sobrio abad general también sabe que no es tan sencillo, que amar no es algo automático. «Debemos decir conscientemente "sí" para amar a Dios y al prójimo, como Jesús. Aunque hayamos nacido para amar, el amor perfecto aún no existe en el momento de nuestro nacimiento».

Bernardus pregunta: «¿Alguna vez te has fijado en que los bebés nacen con los puños cerrados?». Según él, la vida consiste en abrir esos puños cerrados para que, como seres humanos, podamos recibir y dar amor con los brazos abiertos. Describe el hecho de decir «sí» al amor como un proceso que dura toda la vida y que a veces es doloroso. Es el camino que va de un amor que al principio se centra exclusivamente en uno mismo hacia un amor perfecto, centrado en Dios y en el prójimo.

Una perla con muchas facetas

El amor de Dios es demasiado grande para ser vivido de una sola manera, opina Bernardus. Por eso, no es casualidad que Dios haya hecho posible diferentes formas de vida. «Hay una diferencia entre el matrimonio y la vida religiosa, y dentro de la vida religiosa, la vida contemplativa es un camino específico. La mayoría de las personas se enamoran, se casan y tienen hijos. En el matrimonio, el hombre y la mujer aprenden a dar y recibir amor. Otras personas han sido llamadas por Dios a ser sacerdotes o a vivir como religiosos o religiosas en el mundo. Concretan en su entrega a Dios y a los demás el amor que está al servicio de todos. La vida contemplativa es otra forma de amor. Solo unas pocas personas están llamadas a esta vida. La que está llamada renuncia a todo –a su familia, su riqueza, su estatus–, porque está imbuida completamente del amor que Dios le da».

Bernardus compara la vocación a la vida contemplativa con el descubrimiento de la perla preciosa del amor de Dios escondida en el campo. Un monje no construye una casa en ese campo para poseerla, ni cultiva un huerto para ganar dinero. No quiere quedarse con esta perla para sí mismo levantando un muro alrededor del campo. Lo abandona todo para desenterrar la perla preciosa y vivir de ella. «Como contemplativo, lo importante es que esta perla se convierta en tu vida. El amor divino debe convertirse en tu vida. Debes transformarte en ese amor. Este es un proceso que ocupa toda la vida del contemplativo y que nunca llega a completarse».

2

La vocación

Bernardus creció en la homogénea comunidad católica de Simpelveld. Allí, a las afueras del núcleo urbano, se encontraba un gran centro de formación misionera, el convento Damianeum. Los padres de los Sagrados Corazones de Jesús y María le dieron este nombre en honor a san Damián de Veuster. Bernardus recuerda muy bien que, de niño, se sentía fascinado por aquellos padres. Le gustaba estar presente cuando, al final del año escolar, los misioneros eran ordenados sacerdotes. Su provincial leía entonces una nota en la que se decía que eran enviados a sus misiones en Uruguay, Paraguay y Chile. América Latina era su principal destino. Esto impresionó mucho al pequeño Bernardus, que dijo: «Yo también quiero eso».

Por supuesto, hubo momentos en los que pensó en hacer algo muy diferente a entrar en el seminario, pero esas otras posibilidades nunca ocuparon un lugar destacado. Anhelaba ser misionero y explorar horizontes lejanos.

La secularización como realidad

Cuando fue al instituto en la ciudad de Heerlen, Bernardus se enfrentó a lo que significaba concretamente la secularización. Entró en contacto con compañeros de su edad que no creían y no iban a la iglesia. Al principio le costó acostumbrarse. El mundo cerrado del pueblo se abrió. Aunque el colegio era de origen franciscano y aún había algunos frailes que daban clase, el catolicismo se evaporó rápidamente. Así, le dio clase de Religión una carmelita calzada, de quien pensaba que entendería su vocación. Pero se llevó una decepción. Tras una conversación con ella y un enfrentamiento en clase, ella llamó una noche a su madre. La hermana estaba preocupada por los sueños de futuro de Bernardus y pensaba que sus padres debían hacer todo lo posible para disuadirlo. Su madre se enfadó mucho, pero Bernardus nunca supo lo que le dijo a la hermana. Después de la llamada, nunca más le volvió a hablar del tema. Más tarde, cuando Bernardus era presidente de la Conferencia de Religiosos Neerlandeses, se encontró con ella. En aquel momento era superiora provincial de su orden. Ninguno de los dos mencionó el incidente.

A Bernardus le resultaba difícil el ambiente anticlerical del colegio. Los profesores sabían que quería ser sacerdote o que deseaba ingresar en un monasterio. Algunos eran muy hostiles, sobre todo su profesor de Francés. «Cuando sacaba buenas notas, gritaba en clase: "¡Peeters ha vuelto a ir a Lourdes!"». Ese ambiente hizo que, a partir de cuarto curso, nunca más volviera a hablar abiertamente de su futuro y se sintiera aliviado cuando pudo dejar atrás la escuela secundaria.

En el pueblo de Simpelveld, la secularización avanzaba a paso de tortuga. Durante la infancia de Bernardus, la Iglesia siguió desempeñando un papel importante y visible en la vida social. Sin embargo, ya había indicios de que la secularización estaba ganando terreno. Un ejemplo aparentemente inocente lo deja claro. «El presidente de la banda», contaba Bernardus, «comenzaba cada reunión con las palabras: "Abro la reunión con el saludo cristiano". Cuando una vez pregunté qué significaba eso, me respondieron: "En el acta anterior se dice que el presidente debe abrir la reunión con el saludo cristiano. Por eso siempre lo hemos hecho así". Nadie sabía ya que en realidad se debía comenzar con las palabras: "¡Alabado sea Jesucristo por los siglos de los siglos! Amén". Esto no se había transmitido. Se convirtió en una mera formalidad que, lógicamente, también desapareció. La secularización estaba presente, pero en mi pueblo todo fue muy gradual».

En contra de la voluntad de su padre

Cuando Bernardus les habló a sus padres de su vocación, su madre se abstuvo de emitir juicio alguno. Su padre abogó por que primero estudiara, con la esperanza de que uno de sus hijos se hiciera cargo de la fábrica de ladrillos, algo que el hermano mayor no había hecho. Durante los estudios secundarios de sus hijos, el padre se interesaba sobre todo por sus resultados en economía y contabilidad. El resto no le importaba. Por eso, la decisión de Bernardus de ingresar en el monasterio se topó con objeciones. A su padre no le gustaba nada y enseguida propuso alternativas. Sugirió a Bernardus que estudiara Teología. Sin embargo, a este no le gustaban los estudios, por lo que hubo que recurrir a medidas más drásticas.

Unos amigos de sus padres que vivían cerca de Simpelveld tenían un sacerdote en la familia que era rector de una escuela de teología austriaca. Esta *Theologische Hochschule* estaba situada cerca del monasterio cisterciense de Heiligenkreuz, en los bosques que rodean Viena. Los cistercienses que vivían allí no eran de estricta observancia, no eran trapenses. De forma totalmente inesperada, un día el rector se presentó en casa y quiso hablar con Bernardus. Su oferta de estudiar Teología en esta escuela superior se hizo aún más atractiva por la propuesta de que Bernardus pudiera alojarse al mismo tiempo en el monasterio cisterciense. ¿No era esa la solución que sus padres podrían aceptar y que al mismo tiempo era buena para su hijo? Bernardus no recuerda lo que respondió, pero sí que se quedó totalmente sorprendido por la propuesta. Lo cierto es que esa aventura terminó en nada.

La transformación de un sueño misionero

Cuando Bernardus fue de excursión con el instituto a la abadía benedictina cerca de Vaals, en Mamelis, conocida popularmente como Sint-Benedictusberg, se le abrió un nuevo mundo.

Al entrar, antes incluso de que los alumnos hubieran visto o hablado con nadie, le invadió la sensación de que aquello era lo que estaba buscando. Un fraile les habló de la liturgia de los monjes, casi íntegramente en latín, y de sus cantos gregorianos. Les contó cómo seguían estrictamente la Regla de san Benito y cómo convivían, oraban y trabajaban juntos las veinticuatro horas del día. Todo ello fascinó al joven Bernardus.

Como la abadía de Sint-Benedictusberg no estaba lejos de su casa, solía ir allí los fines de semana. Su deseo de entrar en la vida monástica comenzó a concretarse; el sueño de ser misionero dio un giro de ciento ochenta grados y terminó en el deseo de ingresar en un monasterio contemplativo. Su idea inicial de irse a Latinoamérica o a algún lugar lejano y hacer algo por la gente le parecía cada vez más limitada. Se fue imponiendo la idea de que elegir una vida de oración, trabajo y comunidad era optar por estar ahí para todos. Esta idea se inspiró en parte en la historia de la vida de santa Teresa de Lisieux, en la que él se reconocía. Ella estaba convencida de que elegir una vida contemplativa de oración como carmelita descalza era optar por estar al servicio de todas las personas.

El trabajo manual por encima de todo

Vivir con un Dios que te ama se convirtió para Bernardus, por tanto, cada vez más en una elección por los trapenses y no por los benedictinos, aunque sigue afirmando que encontró su vocación en la abadía de Sint-Benedictusberg. Por ello, sigue estando agradecido a la comunidad de Mamelis. «Cuando vuelvo a la abadía para rezar las vísperas, me hace bien. Ese lugar me es muy querido. Cuando era joven, los sábados iba allí y me quedaba en el jardín con el hermano Willibrord, que trabajaba principalmente con las manos. Me encantaba. Los demás hermanos, que entonces eran muchos, estudiaban o se dedicaban a tareas intelectuales».

Ya de adolescente, a Bernardus no le gustaba nada estudiar. «Pasé con dificultad la secundaria. Estudiar no me decía nada, me aburría. Solo quería una cosa: ir al convento». Por suerte, el padre Van Berkum, maestro de novicios de Mamelis, le aconsejó que fuera a visitar a los trapenses. «"Parece que ellos todavía trabajan", me confió con su voz grave y profunda. Se me quedó grabado. Pero pronto descubrí que el monasterio trapense más cercano estaba en el norte de Limburgo. Para mí, que era del sur de Limburgo, todos los lugares más allá de Sittard estaban muy lejos. Así que mejor no, pensé».

Sin embargo, de camino al colegio, Bernardus descubrió un anuncio de cerveza trapense y le llamó la atención el adjetivo *trapense*. Llevaba años pasando por la misma carretera, dos veces al día, de casa al colegio y viceversa. Nunca se había fijado. Ya había explorado de arriba abajo y de izquierda a derecha la estantería de la biblioteca del colegio dedicada a la vida monástica, pero de repente encontró libros sobre los trapenses. «En esa época entré en contacto con la diócesis, donde pude participar en conversaciones con otros jóvenes que estaban discerniendo su vocación. Nos reuníamos dos o tres veces al año durante unos días, normalmente en la antigua abadía de Rolduc, en Kerkrade, donde se encontraba el seminario mayor de la diócesis de Roermond. Durante esas reuniones conocí a varios jóvenes que querían ingresar en la abadía trapense de Koningshoeven, en Tilburg».

No fue amor a primera vista

Junto con algunos miembros de este grupo, Bernardus se dirigió a una jornada católica para jóvenes en Utrecht, donde habló la Madre Teresa. De regreso, por alguna razón no había trenes y no pudo pasar de Tilburg. Sabiendo que allí había una abadía trapense, buscó el número en una cabina telefónica y llamó a la abadía de Koningshoeven. El padre hospedero le ofreció alojamiento para pasar la noche. Dado que llegó por la tarde, poco antes de completas, su primera impresión no fue precisamente positiva. «Me encontré con una gran comunidad de monjes, su canto era lamentable. Yo estaba acostumbrado a los benedictinos de Mamelis. Allí había muchos jóvenes y cantaban muy bien gregoriano, siguiendo el ejemplo de la abadía de Solesmes, en Francia. Los trapenses de Tilburg no me gustaron nada en un primer contacto. Recuerdo que pensé: menos mal que he venido aquí. Ya lo he visto. Que vengan aquí los demás, si quieren. No entiendo su elección».

Pero por la mañana, antes de marcharse, Bernardus dio un paseo. Llegó a la fábrica de cerveza. En la pared había una imagen de san Benito, con el texto: «Son verdaderamente monjes si viven del trabajo de sus manos». «Este texto me llamó la atención, porque yo mismo estaba buscando algo que hacer con mis manos. Me puse en contacto con algunos compañeros de mi edad que ya habían estado allí varias veces, para quedar y volver juntos».

A su regreso a la abadía, el amor de Bernardus por los trapenses creció. Poco a poco fue conociendo una comunidad que, aunque de edad avanzada, daba un lugar destacado al trabajo manual. «Sentí que debía estar en esta comunidad». Tanto la vida en comunidad como el trabajo manual fueron decisivos para que Bernardus se decidiera por una vida como la trapense. También influyó el entusiasmo juvenil. «En aquella época había un grupo de jóvenes que se estaban preparando para ingresar. Eso nos daba la perspectiva de que juntos podíamos construir algo en Koningshoeven. Podíamos significar algo, al contrario que en Mamelis, donde parecía que te lo tenían todo preparado; pero, para ser sincero, esto también me resultaba agobiante. Son elementos humanos como estos los que influyeron en mi decisión».

4

La vida en comunidad: hermosa y difícil

Bernardus se sintió atraído por los trapenses por el buen equilibrio entre la oración y el trabajo. Al mismo tiempo, la vida en comunidad fue para él un factor decisivo. «Los trapenses somos auténticos animales sociales. Es parte de nuestro ADN». Sin embargo, la vida en comunidad no es algo natural ni fácil. Los trapenses viven juntos día y noche y deben convivir año tras año, sin vía de escape ante las dificultades y tensiones. Bernardus considera que el reto de vivir en comunidad es una experiencia concreta del Evangelio. La redención de la humanidad por Dios en Jesús se convierte en un reto para quienes viven en comunidad: estar con los pies en la tierra en un mundo roto.

«Por un lado, fui a un monasterio contemplativo con la idea de retirarme del mundo. Al mismo tiempo, desde el principio me enfrenté al hecho de que ese mundo no se encuentra en absoluto fuera, al otro lado de una puerta que permanece cerrada por dentro. El mundo está ante todo en ti mismo y tú vives en medio de él. Me di cuenta de que, si evitaba este enfrentamiento, mi vida como monje se desarrollaría fuera de la realidad. Por cierto, esto también se aplica al matrimonio o a cualquier otra forma de convivencia. Si no eres consciente de ello, vives en un sueño y, lamentablemente, eso es lo que a veces ocurre».

Vivir en comunidad es un reto. Los trapenses son personas normales, con sus caprichos y sus excentricidades. «Considero que la convivencia no es nada fácil. Se trata fundamentalmente de entregarse, de renunciar a uno mismo y estar dispuesto a integrarse en la comunidad. Si no cedes, eres como un obrero encargado de demoler un edificio, que tira abajo la comunidad. Esto requiere soltar, lo cual es realmente difícil». Bernardus señala que la comunidad siempre es más importante que el individuo. Pero, según él, esto también es así en una relación. «El otro es importante. Si realmente quieres establecer un vínculo con alguien, tienes que renunciar a algo de ti mismo. Eso no significa que mi individualidad y mis cualidades no sean importantes. Pero deben estar al servicio del conjunto».

Dar una cruz

Bernardus considera el ritual diario de la bendición de los hermanos por parte del abad como una piedrecita en el zapato. Hace que nunca se olvide la experiencia concreta de la vida en comunidad. «Cada noche, al salir después del último oficio de oración, los hermanos se acercan a mí uno por uno para recibir la bendición personal. Es un gesto hermoso y antiguo. Sinceramente, creo que, como expresión de fraternidad recíproca, es uno de los momentos más íntimos del día. Como abad, puedes prometer el bien –que es lo que significa realmente bendecir–, no solo para las horas oscuras de la noche que se avecina, sino también para un nuevo día. Al mismo tiempo, este ritual no es solo hermoso y tierno. A veces incluso resulta muy incómodo. Como monjes, vivimos juntos día y noche. Nos conocemos tan bien, que tanto el que pide la bendición como el que la da somos conscientes de que no somos perfectos. Es posible que, como abad, haya estado enfadado con ese hermano, que me haya irritado mucho o incluso que haya hablado mal de él. A veces el hermano lo sabe, otras veces no. A veces tienes la sensación de que te gustaría negarle la bendición a alguien, pero, afortunadamente, el ritual te da un empujoncito para que lo hagas de todos modos. Bendecir es, en esencia, un gesto positivo. Pone de relieve la necesidad de perdonarnos una y otra vez». Según Bernardus, bendecir y Cristo van de la mano. «En su ascensión, Jesús no reprocha nada a sus discípulos, los bendice. Tampoco es casualidad que, a lo largo de los siglos, los artistas hayan representado a menudo al Cristo resucitado con un gesto de bendición. Pero el gesto de bendición también me recuerda inevitablemente la señal de la cruz que mis padres nos hacían a sus hijos antes de irnos a dormir. Ellos lo hacían con mucha alegría. Pero tampoco ellos escapaban a los momentos en que debía de ser difícil hacer esa cruz. De niño, mi comportamiento a veces los llevaba a la desesperación. Al mismo tiempo, no recuerdo que mi padre o mi madre se negaran nunca a darme su bendición».

5

El mundo está primero en ti mismo

Cuando pensamos en monjes y monjas, a menudo nos vienen a la mente personas extrañas y ajenas al mundo, que huyen de sus responsabilidades en y frente al mundo. Las palabras y los escritos de Bernardus demuestran lo contrario. Habla sin cesar sobre los avatares de la Iglesia en todo el mundo, pasando revista a las diversas culturas y sociedades. «El mundo», dice Bernardus, «está primero en ti mismo y tú vives siempre en medio de ese mundo». Con esta afirmación dice dos cosas a la vez: el mundo está en ti, pero tú también formas parte de ese mundo. «Ni siquiera los trapenses estamos por encima, por debajo o al margen del mundo. Somos parte de él. Y que el mundo está en ti, lo notas enseguida cuando intentas hacer silencio. Entonces surgen muchas cosas en ti. Eso demuestra inmediatamente que ese mundo, con todo su ruido, con sus disputas, que crees que está fuera, en realidad está dentro de ti. Para mí no hay diferencia ni distancia entre el mundo dentro y fuera de mí. Pero eso no me impide atreverme a afirmar que el objetivo es vencer al mundo. Con esto quiero decir que lo importante es atravesarlo todo para llegar al fondo, a la certeza de ser amado por Dios».

Según Bernardus, no es correcto decir que los monjes se retiran del mundo. «Lo que hacemos», dice, «es crear un espacio físico que nos ayuda a dar forma a nuestra manera de vivir. Pero este espacio no está fuera del mundo, eso es imposible. Quien cree haber abandonado el mundo se asusta cuando se desvanece esa ilusión, y eso ocurre rápidamente. El silencio y el aislamiento hacen lo contrario de lo que cabría esperar. En lugar de encontrar la paz, afloran por todas partes las emociones y los pensamientos. Se trata de aprender a lidiar con ello. No es casualidad que el crecimiento del conocimiento de uno mismo sea un hilo conductor en la formación de un monje. Se trata de aclarar lo que ocurre en tu corazón y de aprender a lidiar con el mundo que hay dentro de ti». Bernardus afirma que esto siempre ha sido así en la vida monástica. La tarea ha sido siempre la lucha espiritual. Y añade que entrar en un monasterio contemplativo se describe a veces como un segundo martirio, para expresar que la lucha interior puede ser muy intensa.

En el mundo, pero no del mundo

El Evangelio nos lo dice: los cristianos están en el mundo, pero no son del mundo. ¿Cómo lo experimenta Bernardus en concreto? En esta afirmación, válida para todos los cristianos, descubre una buena puerta de entrada para comprender la vida monástica. Según él, los monjes están fundamentalmente en el mundo, pero tampoco son del mundo; el mundo no debe tenerlos en sus garras. Se refiere aquí a la tradición, que describe las fuerzas contrarias que el ser humano puede experimentar en su interior como pecados capitales. Pensemos, por ejemplo, en la ira, pero también en la pereza, la soberbia y la avaricia. La respuesta de un monje a esto es buscar la pureza de corazón. Según Bernardus, esta pureza no significa la ausencia de lucha con los demonios, sino el mantenimiento de la paz interior en medio de esta lucha.

A juicio de Bernardus, la pureza de corazón también tiene mucho que ver con el autoconocimiento: llegar a comprender que uno no es mejor que alguien que vive fuera de la abadía. «Todo monje que sea honesto consigo mismo confirmará esta experiencia», afirma. «Adquirir esta comprensión es crucial y, por lo tanto, un elemento muy importante en el periodo de formación, que va mucho más allá del desarrollo intelectual. Este conocimiento no se encuentra en los libros, sino que se adquiere luchando».

Bernardus se refiere aquí al famoso monje Thomas Merton y a cómo esta comprensión provocó la conversión de este estadounidense. Cuando Thomas Merton entró en el monasterio, dijo: «Estoy harto del mundo y no quiero tener nada que ver con él». Estaba encantado de gozar por fin de libertad. La división que hacía era burda, pero no era infrecuente en aquella época: fuera del monasterio todo es malo y dentro del monasterio todo es bueno. El monasterio es un paraíso, un refugio seguro. Ocho o nueve años después de ingresar, Merton va a la consulta de un dentista fuera del monasterio. De camino, le sobreviene una experiencia mística que le hace comprender que no es mejor que las demás personas que se encuentran en la calle. Se siente plenamente identificado con ellas. Que un monje pusiera por escrito esto en aquella época era como blasfemar en la iglesia. Pero es una experiencia fundamental que todos los monjes pueden reconocer. «Es», dice Bernardus, «la experiencia de pertenecer al género humano y darse cuenta de que Dios ha venido a salvarnos a todos».

Punto de vista contemplativo

El papa Francisco, en su exhortación apostólica *Evangelii gaudium*, llama a todas las personas de buena voluntad a adoptar «una perspectiva contemplativa» y a mirar así el mundo. Bernardus está totalmente de acuerdo con él. También se alegra de que la exhortación sea general: se refiere a todas las personas. Es una llamada a dejar atrás las vanidades del día a día, al igual que nuestro falso yo, y a mirar lo que realmente importa.

Bernardus no niega que adoptar una postura contemplativa implique tomar distancia. Pero inmediatamente añade que esto no debe malinterpretarse. «No ser del mundo significa vivir en el mundo con una mirada abierta y contemplativa».

Toma prestadas las palabras de Merton para expresar con mayor precisión su visión: «Vivir contemplativamente es buscar la paz, no en una exclusión abstracta de toda realidad exterior, no en un rechazo infructuoso al cerrar los sentidos al mundo, sino en la apertura del amor»[2].

Bernardus llama la atención sobre el hecho de que el papa Francisco, cuando habla del punto de vista contemplativo, se refiere a la presencia del cristiano en la ciudad. Según Bernardus, esto es notable para un líder de una Iglesia que a menudo ha huido de la ciudad. «Desde las primeras páginas del Nuevo Testamento, la ciudad sale mal parada. El Salvador no solo nace fuera de la ciudad, sino que también morirá fuera de ella y, aunque los apóstoles anunciaban con gusto la Buena Nueva en el corazón de la ciudad, la abandonaban rápidamente para quedarse fuera de ella».

La mirada contemplativa es una mirada con espinas. Según nuestro abad general, las abadías trapenses deben estar atentas a ello hoy en día. «La razón por la que la gente huye de la ciudad no es rara vez el deseo de crear un mundo propio. Se busca silencio y tranquilidad, en el sentido de alejarse del mundo agitado, con sus disputas políticas, sus refugiados, su violencia y sus problemas de drogas. Nuestras abadías no deben satisfacer estas necesidades. No deben asumir el papel de ser un refugio seguro en medio del mundo exterior hostil. Si se dice que se quiere seguir la Regla de san Benito, es fundamental tener una actitud abierta. Las puertas de la ciudad monástica no deben cerrarse. Siguiendo la Regla, a cada huésped que llama a sus puertas se le dice: *Deo gratias!*, «¡Gracias a Dios!».

---

[2] https://tinyurl.com/3yfnunh7 (consultado el 10 de noviembre de 2025).

6

Sin vía de escape

A la pregunta de si su elección personal de una vida monástica contemplativa era una huida del mundo, Bernardus responde sin dudar que nunca se ha planteado esta pregunta, al menos no antes de entrar en el monasterio. Cuando ahora mira atrás, reconoce que puede tratarse de una huida, pero añade inmediatamente que esto no solo se aplica a la elección de hacerse monje. «Las personas también pueden huir en su trabajo, en una relación. Por lo tanto, también al ir a un monasterio, es cierto. Sin embargo, lo es igualmente que vivir constantemente en comunidad hace que las ilusiones se desvanezcan».

Durante nuestras conversaciones, Bernardus señala con frecuencia que el monasterio es cuadrado. «No puedes ir a ningún sitio sin encontrarte con alguien tarde o temprano. No puedes huir, no hay ningún lugar apartado donde puedas aislarte. Salir al exterior tampoco es una vía de escape. No puedes coger el coche para alejarte una hora de todo lo que te preocupa. Como trapenses, siempre estamos cerca unos de otros, en el mismo edificio, en el mismo recinto. Esto implica que nos enfrentamos constantemente, no solo a las pequeñas limitaciones de los demás, sino también a nuestras propias deficiencias. Si la elección de la vida cisterciense de oración y trabajo fuera una huida, creo que el desenmascaramiento nos esperaría a la vuelta de la esquina».

Todo da vueltas

En todos los años que ha pasado en la abadía de Koningshoeven y durante su reciente periodo como abad general,

Bernardus también ha conocido a hermanos que realmente huyeron. Eso funciona hasta que se rompe el dique. «El camino hacia el interior, que es en definitiva lo que importa en el monasterio, es en esencia un camino muy conflictivo. En el silencio, todas las emociones que antes estaban ocultas hacen cuanto pueden por reclamar su lugar. Eso implica una fuerte confrontación con uno mismo. Cuando en una vida se eliminan las vías de escape, hay que aguantar. En esos momentos, las pequeñas cosas cobran mucha importancia. De repente, un lápiz se convierte en mi lápiz, lo único que me queda, algo a lo que aferrarme. El camino hacia el interior, que en realidad continúa día y noche, deja clara la imposibilidad de huir».

A eso se le llama ser feliz

Cuando le pregunto a Bernardus por los momentos más destacados de su vida en el monasterio, me dice que hay muchos. «El día de mi ingreso fue un momento cumbre de felicidad. En los momentos difíciles, a veces vuelvo a él en mis pensamientos y sentimientos. Me sentí sinceramente feliz cuando ingresé, lleno de expectativas. Tenía la sensación de que por fin podía empezar, estaba contento de que hubiera llegado el momento».

Cuando le pregunto por otros momentos de felicidad, estos parecen estar ocultos en la vida cotidiana. «Puedo sentir una alegría sencilla los domingos por la mañana, cuando estoy con mis hermanos en el *scriptorium* [la sala de lectura] y leemos juntos en silencio. Las cosas cotidianas también pueden dar alegría a menudo».

Al sondear los momentos más bajos, estos tampoco faltan. «La nube rosa de mi llegada se desvaneció al cabo de un par de días, cuando dos hermanos mayores se pelearon después del oficio nocturno. Justo en el momento en que aún reina el gran silencio de la noche y no se habla, se pelearon fuera de la iglesia por un pasaje de la Regla. Después pude entenderlo, pero en ese momento solo veía a dos ancianos peleándose. Tenía la fuerte sensación de que ese no era el lugar para quedarme. Fui a mi habitación, donde todavía estaba mi maleta. Metí todas mis cosas y bajé con la maleta en la mano. Quería marcharme. Aquello estaba en total contradicción con lo que yo deseaba. Nuestras habitaciones estaban arriba y, para salir, tenía que pasar por la habitación del maestro de novicios. Él solía dejar la puerta abierta y me preguntó: «¿Y adónde vamos?». Me convenció de que no tomara una decisión precipitada. En un momento así, es importante poder hablarlo. Fue un momento en el que me sentí muy infeliz. Se puede comparar con lo que sentí cuando se marcharon doce novicios de los catorce que éramos cuando ingresé. Uno tras otro se fueron marchando. Enfrentarme a ello me deprimía cada vez más. Las preguntas que me hacía a mí mismo sonaban cada vez más intensas. ¿Por qué me quedo? ¿Es esto lo que quiero? La frase del Evangelio «¿También tú quieres irte?» resonaba cada vez más fuerte en mi interior. Intenté ver ese momento tan bajo como un reto. Todavía recuerdo exactamente la hora en que me encontraba en la gran iglesia de la abadía de Koningshoeven y oí en mi interior: «Aquí me quedaré para siempre, aquí habitaré; así lo quiero» (Sal 132,14). El punto más bajo en el que me encontraba se convirtió en una experiencia fuerte, una suave certeza.

El suelo que pisas

Altibajos, oscuridad y luz son características de la vida de todo ser humano. La vida en el monasterio no es una excepción. El vaivén entre los momentos de felicidad y los períodos oscuros también se da aquí. Bernardus se refiere en este contexto a la importancia de empezar a partir del suelo que pisas, que es la base desde la que puedes vivir tanto los momentos de felicidad como los momentos de infelicidad. «El suelo que piso es la certeza de que Dios me ama a mí y a todos los seres humanos. Partiendo de ahí, experimento los momentos más bajos y los momentos más felices en compañía de él. El amor de Dios es para mí la constante en medio de las vicisitudes, las montañas y los valles que caracterizan mi vida».

7

La utilidad de una vida inútil

Pasarse toda la vida entre los muros de un monasterio hace fruncir el ceño a muchas personas ajenas a él. ¿Qué sentido tiene una vida como trapense? ¿No es más significativa para la sociedad una vida al otro lado de los muros del monasterio? Bernardus sonríe cuando le planteo esta pregunta. «Me río porque en un momento determinado de mi vida, cuando aún era joven, odiaba esta pregunta. Cuando había un grupo alojado en la casa de huéspedes, nos pedían a menudo que diéramos testimonio de nuestra vocación. La pregunta sobre la utilidad de nuestra vida siempre estaba presente. Al cabo de un tiempo, esta pregunta me resultaba tan molesta que en un momento dado me enfadé. Una mujer me hizo esa pregunta y yo le respondí con otra pregunta en la que le preguntaba por el sentido de su vida. Ella se quedó desconcertada y le pareció presuntuoso que le hiciera esa pregunta. Entonces le dije que su pregunta me parecía igual de presuntuosa. Al parecer, tenía que aceptar que su vida tenía sentido, mientras que la mía se ponía en duda. Después respondí a la pregunta sobre el sentido de nuestra vida diciendo que no tenía sentido, lo cual fue igual de impactante».

Cuando le pregunto a Bernardus si con eso queda todo dicho, la misma sonrisa aparece en su rostro. «Por supuesto que no», dice. «Quiero cuestionar la palabra *utilidad*. En mi opinión, tiene demasiadas connotaciones económicas. Me gustaría que la pregunta se formulase de otra manera. La pregunta sobre el sentido de lo que hacemos, cómo valoramos nuestra contribución a la sociedad, me suena muy diferente. Nuestra forma de vida quiere cuestionar el fuerte énfasis que la sociedad pone en ser útil, en el sentido económico. Creo que la perspectiva económica llega incluso a hacer que las personas sientan que al final de su vida tienen que entregar un libro de cuentas a Dios. Él suma y resta y hace el balance final. Esa imagen de Dios está muy lejos de mi forma de verlo».

Si la vida monástica no es útil, ¿qué es entonces? «Suena demasiado simple», responde Bernardus, «pero mi respuesta es *estar ahí*. El simple hecho de estar ahí es muy importante. En nuestro mundo secularizado, la conexión entre el cielo y la tierra parece haberse perdido. El mundo está adquiriendo cada vez más la forma de un todo cerrado sin perspectiva, ya no hay otro horizonte posible. Veo a los monjes como personas que ponen el pie en la puerta para garantizar que se mantenga una abertura en un mundo cerrado. Es un significado bastante desafiante de la vida monástica. Es una forma de testimonio que puede fascinar a quienes viven fuera de ella y hacerles darse cuenta de que hay algo más allá de este mundo».

El libro del Eclesiastés como telón de fondo

Bernardus se refiere con gusto al libro bíblico del Eclesiastés en este contexto. Su autor ha investigado todas las formas de sabiduría. En su búsqueda, ha adquirido un gran conocimiento de la naturaleza humana y de la vida. Al mismo tiempo, llega a la conclusión de que toda la sabiduría y el conocimiento adquirido son, en realidad, vanidad. El hombre ha construido palacios, plantado viñedos, creado jardines y parques, se ha enriquecido con muchas posesiones y ha disfrutado de todos los placeres de la vida. Pero ¿qué sentido tiene todo eso? ¿Para qué sirve? Una vez que llega la muerte, todo se acaba para el hombre. No se lleva nada de todo eso a la tumba.

Estas afirmaciones suenan como las palabras de un auténtico pesimista. Pero el autor del libro no lo es, ni tampoco lo es Bernardus. Él toma el libro del Eclesiastés como telón de fondo de su pensamiento, porque pone de relieve la importancia de la forma en que vivimos. «Se trata de ver la vida en la perspectiva correcta», opina Bernardus. «Vivimos en una época en la que se hace tanto hincapié en la maleabilidad de todo que perdemos el contacto con las cosas tal y como son. Perdemos el contacto con el sol naciente y poniente, con la riqueza y la fragilidad de la naturaleza, hemos perdido la conexión con la variedad de las diferentes estaciones. Junto con nuestra capacidad de asombro, también desaparece nuestro sentido de la receptividad ante el misterio de la vida, ante el hecho de que la hemos recibido. La gratitud queda sepultada porque consideramos todo como propiedad nuestra y no como un regalo. Fundamentalmente, olvidamos que todo lo que sabemos, lo que decimos, lo que afirmamos con tanta certeza, proviene de otro. No es mío ni tuyo ni, desde luego, posesión alguna nuestra».

8

Aprender a orar

El actual abad general ha tenido que aprender o, mejor dicho, ha podido descubrir a lo largo de los años, lo que es orar. «Al comienzo de mi vida de oración, tuve una intensa experiencia de silencio, en la que sentí que era acogido por un amor. Me sentí visto, conocido, escuchado, amado por Alguien mucho más grande que lo que yo había conocido hasta entonces. Esta experiencia era a la vez vacía y llena. Vacía en el sentido de que el silencio era el contexto. Llena porque ese momento estaba lleno de amor. Posteriormente, he podido revivir esta experiencia varias veces».

La primera reacción de Bernardus ante esa experiencia abrumadora fue llenar sus oraciones con muchas palabras. «Me gustaba rezar con palabras de otros. Para ello utilizaba el *Gran libro de oraciones* que había encontrado en la biblioteca de mis padres. Durante mucho tiempo pude rezar con palabras ajenas sin ningún problema. Mi oración era –solo más tarde lo describiría así– devocional. Rezaba el rosario y el vía crucis».

Así era su vida de oración cuando Bernardus ingresó en la orden. Sorprendentemente, nadie le preguntó al respecto, ya que se daba por sentado. Más tarde, cuando él mismo era maestro de novicios, sí que preguntaba por ello. «Al final, la vida de oración de una persona muestra si tiene o no aptitudes para una vida contemplativa», afirma. Durante su primera etapa en el monasterio, la oración de Bernardus se puede resumir como oración litúrgica. Las palabras siguen ocupando un lugar destacado, pero ahora son palabras litúrgicas. Bernardus se familiariza con los salmos y las oraciones litúrgicas. Se siente como pez en el agua. Su oración se profundiza y, sobre todo, se amplía. «Escuchar las palabras de los demás en las oraciones se convirtió en escuchar las palabras de la liturgia. Me ayudaban a hablar con Dios».

El interior de las palabras

Sin embargo, el joven Bernardus corría cada vez más el riesgo de quedarse atrapado en las palabras. «Era como si me cansaran todas esas palabras y, a veces, simplemente no supiera qué hacer. Tenía la sensación de chocar contra un muro». El hecho de sentirse cada vez más cómodo con el método monástico de la *lectio divina* lo ayudó mucho a pasar de una oración «llena de palabras» a una oración «sin palabras» o, en un primer momento, a una oración sin demasiadas palabras. En la *lectio divina* se lee un texto muy lentamente. Se detiene uno donde se siente tocado por una palabra, por una frase. Es como si se llamara a las palabras y se quisiera escuchar su interior.

El método de la *lectio divina* le enseñó a Bernardus a escuchar lo que Dios le decía a través de la palabra de la Biblia. «Desde entonces, dejo que las lecturas de la celebración eucarística me hablen de esta manera. Cada día constituyen el núcleo de mi oración personal y silenciosa. En el desarrollo de mi vida de oración, en la dirección de la oración escuchada, la influencia del predicador neerlandés Jos Douma es grande».

En esa misma época, Bernardus descubrió la oración de Jesús a través del libro *Relatos de un peregrino ruso*. «Este método de oración, en el que se repite una y otra vez el nombre de Jesús, me atrajo mucho y me ayudó a profundizar en la oración de escucha y a permanecer en silencio en la presencia de Dios. Poco a poco, se convirtió en una actitud ante la vida. También me impresionó mucho el libro *Con las manos abiertas* de Henri Nouwen sobre la oración; me causó una gran impresión. Sus conferencias sobre el significado de ser un hijo amado de Dios me han formado»[3].

Durante sus estudios de Teología, Bernardus entró en contacto con el budismo. Por muy interesante y enriquecedor que le pareciera leer sobre ello, no se atrevió a practicar zen u otras formas orientales de meditación. Le repugnaba especialmente su forma de lidiar con el vacío, que denota una imagen impersonal de Dios. «Siempre veo el vacío como un vacío lleno. Lo comparo con las manos abiertas. En las manos abiertas hay vacío, pero al mismo tiempo la apertura de las manos abiertas simboliza la acogida de Dios y de su amor. Vaciarse uno mismo es esencial en la vida de oración contemplativa, pero este vaciamiento nunca es un fin en sí mismo. No se trata de la experiencia del vacío, sino de la experiencia de Dios. Mis pensamientos y todo lo que se interpone en mi camino deben desaparecer como la nieve derretida por el sol, pero al final permanece el amor derramado en las manos abiertas».

Hay otros autores que son guías en el camino hacia la oración sin palabras. Por ejemplo, el conocido trapense Thomas Merton, con sus escritos sobre la oración contemplativa. La visión del trapense estadounidense Thomas Keating inspira la vida de oración de Bernardus, pero el método de oración que Keating desarrolla le parece demasiado intelectual. Se siente más cómodo en el movimiento de la Meditación Cristiana de los benedictinos Laurence Freeman y Thomas Main[4].

---

[3] Henri NOUWEN, *Being the Beloved*, conferencia en tres partes, disponible en YouTube: https://tinyurl.com/yyb4b2s3 (consultado el 10 de noviembre de 2025).

[4] Invitados por el Arzobispado de Montreal a fundar un monasterio benedictino dedicado tanto a la práctica como a la enseñanza de la meditación cristiana, John Main y Laurence Freeman fundaron en 1977 una comunidad de monjes y laicos. Su influencia se extendió rápidamente por todo el mundo.

Así pues, para Bernardus orar se convierte cada vez más en ponerse en la presencia de Dios. «Escucho la palabra de Dios. En los últimos años he descubierto que el arte, las imágenes o la música pueden aportarme lo mismo que la palabra de las Escrituras. A esto lo llamo *video divina*». En la tradición monástica, la lectura orante de textos, principalmente de la Biblia, es el método por excelencia de la oración personal. La palabra se recibe, se medita, se rumia y se pone en práctica. Hace años, un abad indonesio señaló que en el futuro surgiría algo parecido a la *video divina*. Lo que se hace con un texto también se puede hacer con una imagen, con una representación. En la época actual, tan visual, estas palabras parecen cobrar cada vez más sentido. Personalmente, Bernardus siempre ha utilizado el arte en sus reflexiones y oraciones. Según él, se puede contemplar el arte moderno o el tradicional siguiendo el mismo método que la *lectio divina*. Primero se observa la imagen y se pregunta uno qué ve. A continuación, centramos la atención en lo que nos conmueve. Permanecemos en silencio, con toda la atención puesta en ello. Finalmente, esto conduce a una pausa silenciosa ante la imagen. Bernardus describe estos cuatro pasos con términos latinos: se empieza por la *lectio*, seguida de la *oratio*, luego la *meditatio* y, por último, la *contemplatio*.

Maestros en el amor

Bernardus describe la base de la vida de un trapense como una fiesta. La razón es la certeza de ser amado profundamente por Dios. El hecho de que haya elegido Bernardus como nombre monástico tiene mucho que ver con ello. El amor es fundamental en la espiritualidad cisterciense y, en particular, en san Bernardo de Claraval. «Nuestros padres espirituales querían fundar una escuela del amor. Recuerdo muy bien que, cuando escuché esta descripción por primera vez, me hizo realmente feliz. Me confirmó en lo que estaba buscando. No buscaba una escuela en la que primara el intelecto, sino una escuela del amor. Al principio no tenía palabras para expresar el deseo que sentía en mi interior. Los cistercienses me proporcionaron el lenguaje para ello. Este deseo se fue profundizando a través de la vida cotidiana. Lo que me inspiró fue la espiritualidad de san Bernardo».

San Bernardo de Claraval es para su homónimo un amigo en su camino como monje, tanto por su sabiduría y su ejemplo como por sus escritos. De Bernardo de Claraval aprende a ver las cosas de la vida de otra manera. Se siente animado, estimulado y consolado por él. Su santo patrón pronunció muchas palabras sabias, pero para Bernardus destacan especialmente estas: «¡El amor es algo grande! Al menos cuando vuelve a su origen, cuando regresa a su fuente y allí siempre encuentra nuevas fuerzas para seguir fluyendo».

Él siente que estas palabras de sabiduría están escritas para él. «San Bernardo me ha ayudado a ver mejor hasta qué punto nuestra vida espiritual brota de nuestra relación con Dios y, por tanto, con los demás. En el fondo se trata de amar y ser amado. Como seres humanos, siempre pensamos que todo empieza en nosotros mismos, en nuestro amor a Dios. Esto es un grave error. San Bernardo me ha dejado muy claro que nuestro amor es siempre una respuesta al amor de Dios que lo precede. El amor de Dios es la fuente de nuestro amor y nuestro amor a Dios siempre vuelve a esa fuente. La vida es amar y ser amado. Se trata de un flujo constante de amor, aun cuando no siempre lo experimentamos. ¡El amor sigue fluyendo!».

Otra convicción luminosa de san Bernardo que él lleva consigo es la certeza de que Dios sigue buscando al hombre. La búsqueda de Dios no está impulsada por un deseo de acusar al hombre, sino de amarlo. «San Bernardo de Claraval realmente me convenció de esa certeza. Incluso si huyo de la verdad de esta afirmación, Dios sigue buscándome. Dios solo desea amor recíproco como respuesta. Quiere ser amado en su amor, porque sabe que quien ama es feliz».

SEGUNDA PARTE

VIVIR COMO CISTERCIENSE

1

Una breve inmersión en la historia

Muchos asocian la palabra *trapense* con un tipo concreto de cerveza. En este libro, sin embargo, se refiere a los monjes y monjas que pertenecen a la Orden Cisterciense de la Estricta Observancia. Los trapenses viven según la Regla de san Benito de Nursia, patrón de Europa y padre de la vida monástica en Occidente. En la primera mitad del siglo VI fundó la orden benedictina, que se expandió rápidamente y se extendió por todo el mundo.

Cinco siglos más tarde, la abadía benedictina de Cluny, en Francia, alcanzó con sus numerosas abadías filiales el apogeo de su poder, riqueza y opulencia. Dentro del mundo monástico surgió un movimiento que abogaba por una mayor austeridad y un cumplimiento más estricto de la Regla. En el «Nuevo Monasterio» de Cîteaux –Císter–, en 1098, tres monjes rebeldes –así se llamaba a los cofundadores– fundaron la Orden del Císter, que configuró la reforma dentro de la tradición benedictina. Con razón escribe el hermano Guerric Aerden, OCSO: «Roberto de Molesme, Alberico de Císter y Esteban Harding son tres abades de hace nueve siglos; pero quien los conoce bien descubre que sus anhelos y deseos están muy vivos, que los contratiempos que vivieron y su esperanza inquebrantable siguen estando de actualidad»[5].

Bernardo, que más tarde sería abad de Clairvaux –Claraval–, nació en 1090 en el castillo de Fontaines-lès-Dijon. A

---

[5] Guerric AERDEN, *School van de liefde. Cisterciënzers en hun spiritualiteit*, Damon, Eindhoven 2018, 34.

los 22 años ingresó en el «Nuevo Monasterio», en contra de las expectativas y los deseos de su entorno noble. Dado que en las décadas siguientes se convirtió en el impulsor y administrador de la exitosa expansión, también se le considera el cuarto fundador de la Orden del Císter. Este «maestro en la escuela del amor» es una de las personalidades más fascinantes tanto de la historia de la vida monástica como de la historia de la Iglesia. Como monje, místico y político imprimió también una dirección al pensamiento religioso en Occidente y, más tarde, incluso fuera de él. Y así hasta el día de hoy.

Por lo tanto, no es de extrañar que en una de las obras más importantes de la literatura universal, la *Divina comedia*, Bernardo de Claraval sustituya a Beatrice como guía de Dante, el autor, al final del viaje por el paraíso. Después de haber sido guiado por Virgilio y Beatrice a través del infierno y el purgatorio, el autor llega al cielo. Dante escribe entonces los siguientes versos:

«Buscaba a mi guía, pero mis ojos vieron
a un anciano canoso, vestido con una túnica blanca
como la que llevan los bienaventurados.

Leí la bondad en su rostro alegre
y vi el amor brillar en sus ojos,
como un hijo ante su padre...

"¿Dónde está ella?", le pregunté sin vacilar.
"Vengo", dijo, "a petición suya,
para acompañarte en tu descenso".

Por la gracia de la Dama del Cielo.
Estoy completamente enamorado de ella
y soy Bernardo, uno de sus fieles».

Bajo la guía del padre espiritual de los cistercienses y tras una magistral oración a María, el poeta está preparado para contemplar a Dios. A continuación, Dante puede ver el reino de Dios, donde admira la máxima revelación divina en los tres círculos luminosos de la Trinidad.

Lo que parece un hilo conductor a lo largo de toda la historia de la Iglesia, también ocurre con los seguidores de san Benito: la alternancia entre crecimiento y declive, entre los abusos y la búsqueda de un nuevo comienzo. Así, entre los cistercienses se produjo una reforma dentro de la reforma. Seis siglos después de la fundación, algunos monjes franceses sintieron el deseo de una vida más austera, con más ayuno, con trabajo físico y un cumplimiento más estricto de la Regla de san Benito. En resumen, aspiraban a una observancia más estricta. Su defensor fue un ahijado del cardenal Richelieu, Armand Jean Le Bouthillier de Rancé, abad del monasterio de Nuestra Señora de La Trappe en Normandía. Por eso, esta segunda reforma dentro de la gran familia de san Benito se conoce popularmente como el inicio de la Orden Cisterciense de la Estricta Observancia.

Según la visión del abad De Rancé, los trapenses debían someterse a penitencia y mortificación. La carne estaba prohibida y tanto el *ora* como el *labora* debían ampliarse. Así, alargó los tiempos de oración y obligó a los monjes a realizar trabajos físicos duros. Probablemente de esa época proviene el prejuicio, aún vigente en muchos, de que los trapenses llevan una vida caracterizada por la severidad, la autoflagelación, la penitencia y una ascética casi inhumana. Esta visión prejuiciosa de los profanos queda rápidamente desmentida durante las conversaciones con Bernardus Peeters.

Hoy, cinco siglos después, el anhelo de una vida monástica auténtica sigue muy presente. En el espíritu del Concilio Vaticano II, los monjes buscan una comprensión más profunda de su inspiración original para crecer al mismo tiempo en la entrega a la acción de Dios en la Iglesia y en el mundo.

2

¿Por qué una orden?

Durante sus viajes por las abadías, el abad general siempre se toma el tiempo necesario para hablar con los novicios y con sus responsables de formación. Escucha sus sueños, su entusiasmo y el fuego de los comienzos; pero también sus dificultades y preguntas. En una carta circular titulada «Unidos por un cordón de amor maravilloso» profundiza en una pregunta que le han planteado: «¿Qué sentido tiene pertenecer a una orden? ¿Cuál es la ventaja?». Bernardus se sorprende por esta pregunta. «No me paré a pensar en ello cuando empecé. Es posible que nunca me haya planteado esta pregunta en mi vida monástica. La orden y el hecho de pertenecer a ella siempre han sido algo natural para mí».

Y aunque para él nunca ha sido un problema ni una pregunta, es consciente de que no es así para todo el mundo. También ve cómo, a lo largo de su vida, algunos hermanos y hermanas se sienten decepcionados por la orden, no se sienten escuchados, sienten que la orden no ha sabido escuchar a las personas o a las comunidades, y viceversa. También conoce comunidades o monjes y monjas individuales para quienes la orden parece muy lejana. No sienten que formen parte de un todo mayor. Consideran que la asamblea general, el capítulo general y las reuniones regionales son reuniones de los superiores en las que no se sienten involucrados. Incluso hay hermanas y hermanos que tratan de mantener la orden y sus estructuras lo más alejadas posible de su propia comunidad. En este contexto, no es tan extraño que se plantee la cuestión de si es importante pertenecer a una orden. De hecho, esta pregunta interpela directamente al propio Bernardus. «Porque también cuestiona mi papel como abad general. Si no hay razón para la existencia de la orden, tampoco hay necesidad de una figura que sea superior general. Se supone que yo encarno el vínculo de unidad». Bernardus experimenta lo importante que es hablar durante sus visitas sobre la vida en otras comunidades de la orden. De este modo, los hermanos y hermanas aprenden a ver su propia abadía en relación con otras abadías que han elegido el mismo estilo de vida. Obtienen así una visión indirecta tanto de la vida de su comunidad como de la diversidad que existe en ella. Al fin y al cabo, en todas las abadías se plantea el mismo reto: tener en cuenta la diversidad de cada uno con amor y respeto.

A los ojos del abad general, es propio del ser humano, de una organización y, por tanto, también de una orden, optar por seguir su propio camino. El aislamiento de los demás se produce porque se les percibe como una amenaza, porque uno se considera demasiado bueno o demasiado malo, o porque se decide esperar en silencio en un rincón a que lleguen tiempos mejores. Según Bernardus, las comunidades se necesitan unas a otras y es en la comunidad donde se pone a prueba la fuerza del vínculo del amor.

Bernardus pone el amor como única respuesta a la pregunta de por qué pertenecer a una orden. Cita un texto de Madeleine Delbrêl: «Si este pequeño grupo de seres humanos —los célibes por el reino de los cielos— da el paso hacia el Señor, es solo para vivir el amor con el que él ama a la humanidad».

3

(In)movilidad

Cuando le pregunto por el futuro, Bernardus, sin pestañear, pone el dedo en la llaga: el peligro es la inflexibilidad, la pérdida de movilidad. «Como trapenses, venimos de una tradición que nos dice que hemos llegado a un lugar y que debemos permanecer allí hasta la eternidad. La tentación de situarse por encima de lo que Dios desea acecha rápidamente. Si el Evangelio nos dice que nadie sabe el día ni la hora, entonces nosotros, como monjes, tampoco debemos determinar cuándo vendrá Dios. El peligro es que no podamos movernos y nos quedemos estancados en nuestro lugar. Nos negamos a movernos, ni a la izquierda ni a la derecha. Entonces se trata más de nosotros mismos que de lo que Dios desea. El carisma de nuestra orden, nuestra identidad, ya no es lo central, sino más bien el lugar, la comunidad en la que vivimos. Estos adquieren el estatus de un ídolo y así impedimos la obra de Dios».

Es una alegría para Bernardus descubrir que cada vez más comunidades ven la necesidad de ponerse en movimiento y están dispuestas a colaborar. Se involucra a otros en la búsqueda de nuevos caminos. Por supuesto que desaparecerán abadías trapenses, pero eso no significa que todo esté perdido.

«Pongo como ejemplo Irlanda. Allí hay cinco monasterios trapenses que tienen dificultades para sobrevivir. Se lleva hablando de ello desde 2011, pero se han rechazado todas las propuestas. La situación no ha hecho más que empeorar. En un momento dado, les dije que, si no había voluntad de colaborar, todo desaparecería, que el carisma de los cistercienses en Irlanda dejaría de existir. Esta declaración audaz les abrió los ojos. Estaba claro que nadie deseaba el fin de su presencia en la Isla Verde, donde están presentes desde 1142. Los monasterios decidieron unirse. Dos comunidades no se sumaron a esta iniciativa por razones legítimas. Las otras tres –Mount Melleray, Roscrea y Mellifont– forman desde el 26 de enero de 2025 una sola comunidad bajo el nombre de Nuestra Señora del Silencio. En lugar de cinco, seis o doce monjes, de repente son veinticinco. Esto ofrece muchas más posibilidades y hace la vida más fácil. La liturgia vuelve a ser atractiva. Actualmente hay tres novicios».

Bernardus ve esto como el camino que debe seguir la orden en el noroeste de Europa. Le asalta el temor de que muchas comunidades ya no sean capaces de hacerlo. De hecho, optan por morir, por desaparecer, lo que supone una oportunidad perdida para una zona determinada. Añade sonriendo: «En mi infancia había una serie de dibujos animados en la televisión que se llamaba "Barbapapá". De niño, me fascinaban esos personajes de dibujos animados. Eran una especie de figuras con forma de pera que podían hacerse grandes y pequeñas, eran elásticas y flexibles. A veces pienso que necesitamos más de ese espíritu Barbapapá. En definitiva, lo que sobrevive es el carisma, no las casas individuales».

La historia nos lo demuestra. El Claraval de Bernardo se convirtió en una prisión. Las grandes abadías con numerosos monjes quedaron en ruinas. Bernardus no quiere quedarse anclado en la nostalgia de un rico pasado cisterciense. Ya de joven monje, junto con otros once trapenses en la abadía de Koningshoeven, oía con frecuencia el lamento de que eran una raza en extinción. Se opuso a ello y ya entonces dijo: «El carisma cisterciense sigue funcionando, aunque no haya autobuses llenos de postulantes a la puerta. Por otra parte, debemos alejarnos de esa pregunta obsesiva: ¿Cuándo vendrá alguien más? No se trata de lo que vendrá, se trata

del aquí y ahora, de esta comunidad de llamados, que son
los que deben cumplir su vocación. El carisma cisterciense
todavía tiene mucho que ofrecer. Quizás deberíamos atrevernos a expresarlo de forma más explícita. Espero poder
decir dentro de cincuenta años: "Mirad, tenemos algo que
ofrecer". Me parece mucho más bonito que sentarme a la-
mentarme porque todo se ha perdido»[6].

Para Bernardus está claro que en los próximos años la
orden se enfrentará a un gran reto, especialmente en Europa. Se pregunta: ¿tenemos todavía la fuerza y la flexibilidad
para unirnos o para crear otras estructuras? Sigue creyendo
firmemente en la gran utilidad de estar presente en un lugar.
Para él, las abadías son lugares donde las personas son bienvenidas y pueden experimentar que existe una conexión entre Dios y el hombre y, por lo tanto, también entre el hombre
y Dios. Las abadías son lugares de encuentro en todos los
sentidos de la palabra.

---

    [6]   Bert CLAERHOUT, *Een leven van liefde*. *Cisterciënzers in de Lage
Landen op weg naar de 21ste eeuw*, Lannoo, Tielt 1999, 31.

4

La actividad del Espíritu

Cuando Bernardus visita las comunidades de todo el mundo, es testigo una y otra vez de la obra del Espíritu Santo en esas comunidades y en la vida concreta de los hermanos y hermanas presentes. Porque si hay algo que tiene claro, es la certeza de que el Espíritu Santo sigue actuando hoy, y quizá precisamente en nuestro tiempo está obrando en su orden.

Un contrapeso a lo negativo

Al igual que a muchas personas, a los cistercienses les atrae poner en primer plano las dificultades y las preguntas que se plantean. En las comunidades se habla mucho de la falta de vocaciones, de la escasez de personas para poder seguir haciendo todo lo que se hacía. Hay muchas solicitudes de dispensa de votos, hay abusos sexuales, hay abusos de poder, y la lista continúa. Muchos monjes consideran que la época en que vivimos es extremadamente difícil.

Según el abad general, estas cuestiones dominan tanto la vida cisterciense que existe el peligro de que la vida monástica se encierre en sí misma, en la autocompasión. Bernardus responde a esto: «Olvidamos con demasiada facilidad ver también lo positivo, reconocer los signos de los tiempos y dar gracias a Dios por su presencia activa y constante. Esta gratitud debería prevalecer».

Algunos jóvenes miembros de la orden se refieren a esta cultura deprimente en una carta a Bernardus: «Ayúdenos, por favor, a desviar nuestra atención de lo que falta en nuestra comunidad, en la región y en la orden, para ver las bendiciones que hay. ¡Por favor, haga hincapié en lo positivo y denos esperanza!».

Bernardus está de acuerdo con lo que dicen estos jóvenes: «Muchos monjes y monjas tienen efectivamente la sensación de que Dios les ha abandonado en estos tiempos en los que el mismo Señor nos ha llamado a vivir el carisma cisterciense».

¿Volver al pasado?

Bernardus recibe regularmente cartas de personas de dentro y de fuera de la orden que están convencidas de que debemos volver a la forma en que se organizaba la vida monástica antes del Concilio Vaticano II. Abogan por el retorno a la uniformidad de la liturgia latina con sus hermosos cantos gregorianos. Solo entonces volverán a surgir vocaciones. Esgrimen como argumento decisivo el éxito de los tradicionalistas dentro y fuera de la Iglesia. Todo lo que antes era claro y estricto debe volver. Según ellos, los trapenses, como cistercienses de la estricta observancia, deshonran su nombre. La disciplina ha desaparecido y la ascética que queda es para blandengues.

Interrogantes

Otros mensajes que Bernardus recibe de hermanos y hermanas muestran desesperación. No se quiere volver al pasado, pero la oscuridad del presente dificulta la visión del futuro. No saben cómo seguir adelante. Se quiere recorrer caminos nuevos, pero se espera que la orden abra esos caminos.

«Lo difícil y, en realidad, extraño», dice Bernardus, «es que nadie me escribe ni me envía un correo electrónico para decirme dónde ve al Espíritu actuando en nuestro tiempo. Uno podría empezar a preguntarse si el Espíritu ha abandonado la tierra. Creo que el gran problema de nuestro tiempo es que hemos perdido el arte de distinguir dónde sopla el Espíritu».

Bernardus se refiere a un texto del Evangelio que él relaciona con esto: «Por la tarde decís: "Va a hacer buen tiempo, porque el cielo está rojo". Y por la mañana: "Hoy habrá tormenta, porque el cielo está rojo oscuro". Sabéis interpretar los fenómenos del cielo, pero no sabéis interpretar los signos de los tiempos» (Mt 16,2-4). Sin distinguir el Espíritu, el mundo se pone patas arriba. De este modo, toda la atención se centra en la realidad del mal. Para contrarrestar el desánimo, cita al papa Francisco: «Nunca nos dejemos vencer por el pesimismo, por esa amargura que el diablo nos ofrece cada día»[7].

---

[7] Papa Francisco, Audiencia a todos los cardenales, viernes, 15 de marzo de 2013: https://tinyurl.com/3fdyh43y (consultado el 10 de noviembre de 2025).

5

La paradoja como visión de la vida

Un hilo conductor en los escritos y discursos de Bernardus es la idea de que un trapense lleva una vida paradójica, plagada de aparentes contradicciones. «La paradoja», dice, «ocupa un lugar central en nuestra vida. Eso significa que estamos siempre en movimiento, buscando el equilibrio adecuado entre elementos importantes de nuestra vida: el aislamiento y la comunidad, el silencio y la Palabra, vivir en un solo lugar y, sin embargo, llevar el mundo entero con nosotros, la obediencia y la libertad, la tradición y la renovación, la inculturación y el respeto por la identidad, la oración y el trabajo manual».

«Para mí, ser monje consiste en la elección consecuente de no optar por ninguno de los dos polos. Se trata de buscar el término medio entre elementos que, a primera vista, parecen contradictorios».

Es en la escuela del amor donde los trapenses trabajan la habilidad de buscar siempre el término medio. «No nos dejamos llevar por la corriente, sino que nos comportamos más bien como un salmón que nada contra la corriente. Los acentos que ponemos en la vida monástica contrastan fuertemente con los valores que prevalecen en la sociedad y la cultura. Esta diferencia no es un fin en sí mismo para nosotros como monjes y monjas. No pretendemos que, como seguidores de los santos Benito de Nursia y Bernardo de Claraval, seamos mejores que las personas del mundo, pero somos diferentes. El resultado es, en sí mismo, extraño; precisamente porque seguimos siendo nosotros mismos, la orden trapense ejerce una atracción exótica».

Quien entra en una abadía, se integra en una rutina diaria que es siempre la misma. Cada dos semanas se repiten los mismos salmos. Según la sociedad, atrapada en una rápida carrera, este tipo de vida carece de toda creatividad y es sinónimo de aburrimiento en estado puro. Mientras que en la sociedad y en la educación se defiende la idea de que lo importante es desarrollarse y marcar la diferencia, los monjes aprenden a conocer su propia vulnerabilidad gracias a la prueba de fuego que supone la vida en comunidad. Nadie está por encima de nadie.

¿Desequilibrio?

«Mucha gente nos conoce por las galletas, la cerveza o el queso. Pero lo que hay detrás de esos productos es poco conocido. Estos productos introdujeron las leyes económicas en nuestras abadías. Se impuso la gran escala y el aspecto comercial desempeñó su papel. No debemos ignorar las ventajas de esto», afirma Bernardus. «Con los beneficios –me refiero sobre todo a los lugares donde se elabora cerveza–, la orden obtuvo el margen financiero necesario. Pero precisamente en los lugares donde se elabora cerveza, las comunidades se encuentran actualmente en una situación más débil. Debemos estar atentos a un posible desequilibrio: que las actividades económicas dejen de estar al servicio del carisma de la vida monástica».

«Me pregunto si podemos vivir de lo suficiente», dice Bernardus. «Esta pregunta es crucial en el diálogo con la Regla de san Benito. Esta nos enseña que, además de la oración, el trabajo es fundamental. Como monjes, se supone que debemos vivir del trabajo de nuestras manos, ser autosuficientes. No somos monjes mendicantes, compartimos como todos los seres humanos el dolor y la alegría del trabajo. Antiguamente, el trabajo intelectual se consideraba

sospechoso. No daba de comer y no era bueno para la humildad».
Según Bernardus, el trabajo manual aporta otros elementos importantes. «El trabajo en equipo refuerza los lazos de unión en la comunidad. Y el trabajo manual ofrece un buen contrapeso al trabajo intelectual que realiza un monje. Es típico que las abadías masculinas desarrollen las actividades económicas más importantes. En los monasterios femeninos, esto se aborda de forma mucho más modesta. Cuando se obtienen más beneficios de los necesarios, entra en juego la solidaridad, que va más allá de la propia orden. Compartir con los pobres y apoyar proyectos forma parte integrante de las actividades de muchas comunidades. A menudo pienso en el lema de los trapenses de Westvleteren: "Trabajamos para vivir, pero no vivimos para trabajar". Una afirmación así pone todo en su contexto».

La administración responsable como modelo de negocio

Según Peter Depauw, cofundador de la organización sin ánimo de lucro *Steward-owned* –una institución que promueve la administración responsable por parte del propietario–, los trapenses aplican el modelo de negocio del futuro. En una entrevista caracteriza a cuatro de las cinco cervecerías trapenses como *steward owned*. Explica: «El control sobre lo que se hace con los beneficios recae en las personas que son competentes y están comprometidas con la empresa, no en accionistas anónimos. Los monjes son buenos administradores, que piensan en la repercusión de sus decisiones en las siguientes generaciones. No solo traducen su valor en un producto, sino también en proyectos sociales que benefician a su entorno».
Cuando la comunidad abacial de Koningshoeven empezó a retirarse cada vez más de la cervecería, porque la

actividad ya no era compatible con la vida monástica, hubo que buscar una nueva forma de trabajo manual. «Dedicarse únicamente a Dios no es una opción», señala Bernardus. Se decidió poner en marcha una pequeña quesería en la que todos pudieran contribuir. Literalmente trabajar con las manos es también un buen contrapeso a la tecnificación, en la que todo se controla y se mantiene desde detrás de una pantalla de ordenador.

Sostenible

«Como trapenses, también asociamos el trabajo manual con la sostenibilidad. El cuidado de la creación es un reto que no puede dejarse de lado. Además, como monjes, se nos describe como amantes del lugar donde vivimos. Eso significa que debemos tratar ese lugar con respeto y amor y legarlo a las nuevas generaciones».

Así, la pandemia de covid-19 fue para los trapenses de la abadía de Nuestra Señora de Koningshoeven el motivo para reflexionar sobre cómo ellos también podían comprometerse aún más con el ideal de la sostenibilidad. Desde la fundación de la abadía en 1881, los monjes no comen carne. Pero querían y quieren hacer más. Bernardus es consciente de que los trapenses pueden tomar la iniciativa en este tipo de cosas. «Ahora más que antes, buscamos en las inmediaciones de la abadía las materias primas que necesitamos para los productos que elaboramos en la abadía. No es fácil, porque el mercado no siempre está preparado para ello. Además, en la abadía de Kloosterlei hemos empezado a cultivar nuestras propias verduras para ser más autosuficientes en lo que respecta a la alimentación».

6

Un cordón de amor

Al hablar de la espiritualidad de los trapenses, a Bernardus
le gusta utilizar la imagen de «un cordón de amor», inspirán-
dose en una cita del libro del Eclesiastés: «Una cuerda triple
es difícil de romper» (Ecl 4,12).

Bernardus distingue tres elementos en la cuerda triple:
Dios, uno mismo y el otro. «Estos tres son inseparables. No
se pueden separar, aunque lo intentemos constantemente.
Puedo ponerme en primer plano, convertirme en el centro
de todo. Pero este empeño está condenado al fracaso. Otras
combinaciones tampoco son saludables. Puedo poner al otro
tan en el centro que me olvido completamente de mí mismo
y de Dios. Pero también puedo poner a Dios tan en el centro
que ya no tengo ojos para mí mismo ni para los demás. Ese
tampoco es el enfoque correcto. Entonces conviertes a Dios
en un ídolo, que él no quiere ser, porque Dios está orientado
por naturaleza hacia los demás. Dios, los demás y yo mismo,
los tres van juntos, como una cuerda triple. Lo que los une es
el amor».

La conexión correcta

Si se descuida una o más conexiones, las cosas salen mal.
Los padres del desierto ya decían que hay que bajar inmediatamente a tierra a un novicio que empieza a flotar. Pero
Bernardus menciona que también hay personas que se cen-
tran tanto en los demás que caen en el activismo y se olvi-

dan de Dios. Quererse a uno mismo es un pilar tan esencial como amar a Dios y dejar entrar el amor del otro.

«Recuerdo que en la portada del librito de mi profesión solemne escribí una frase de Teresa de Lisieux: "En el corazón de la Iglesia, que es mi madre, yo seré el amor". El abad de entonces me preguntó por qué había buscado inspiración en una carmelita. Ahora que tengo unos cuantos años más, sigo encontrando valiosa esa cita. En este momento la ampliaría. Espero que al final de mi vida no solo haya sido amor en el corazón de la Iglesia, sino también en el mundo».

Al profundizar en la imagen del «cordón de amor», Bernardus se refiere a un texto escrito al comienzo de la reforma en Cîteaux por uno de los fundadores del movimiento cisterciense. Esteban Harding, que redactó la *Carta caritatis*, escribió que las comunidades de la orden, aunque se encuentran dispersas por todo el mundo y tienen diferentes lenguas, están unidas por «un cordón de amor maravilloso, que es la manifestación del respeto mutuo», forman una sola Iglesia y practican un solo modo de vida. Esteban utiliza el cordón del amor como imagen para expresar que la orden forma parte del único cuerpo de Cristo.

Los trapenses están repartidos por todo el mundo, pero en ellos vive el deseo de formar una comunidad de comunidades en la que se viva la vida evangélica según la Regla de san Benito y se mantengan las costumbres de los cistercienses. Bernardus cita un texto de *La declaración de la vida cisterciense*, de 1969: «Todos hemos descubierto un profundo sentimiento de unión en la experiencia vivida de nuestros valores espirituales comunes. La legítima diversidad está unida por un cordón de amor formidable».

El abad general ilustra la solidez de este lazo de amor con algunos ejemplos concretos. «Me vienen a la mente las hermanas de la comunidad de La Paz, en Nicaragua. Fueron obligadas por el Gobierno nicaragüense a abandonar el país. Estas monjas apenas tenían posesiones y se vieron obligadas a reconstruir su comunidad en otro lugar. El Viernes Santo de 2023 hice un llamamiento a la generosidad de todos los miembros de la orden. Mi grito de auxilio en nombre de las hermanas tuvo una gran respuesta. Se recaudó un total de 2,4 millones de euros. Esto es una expresión concreta de la pertenencia a una misma orden. No solo nos llevamos en nuestras oraciones, sino también compartiendo lo que tenemos. Las comunidades más pobres también contribuyeron con su granito de arena».

Un segundo ejemplo muy diferente, en el que Bernardus reconoce «el cordón del amor maravilloso», es la visita del abad Damien, de la abadía de Scourmont en Chimay, a los hermanos de Mokoto en la República Democrática del Congo. «Esta región está devastada por un prolongado conflicto armado. En él, esta comunidad ha asumido su responsabilidad acogiendo a innumerables personas que huyen. En el capítulo general de septiembre de 2022, Mokoto fue elevada a abadía, pero debido a la situación de guerra, la ceremonia aún no se había celebrado oficialmente. Finalmente, el abad Damien pudo visitar a los hermanos, mientras los combates continuaban. Fue un signo de esperanza y, para los hermanos, fue importante poder experimentar, a través de la mediación del abad Damien, el vínculo con la orden en medio de las dificultades. De este modo, sintieron que no se les abandonaba».

Según el abad general, estos ejemplos muestran mejor que cualquier respuesta teórica que ni el ser humano, ni tampoco una comunidad de personas, están hechos para vivir solos.

La luz cisterciense

Cuando el abad general habla de la luz cisterciense, aflora en él el amante de la belleza, el esteta. En sus reflexiones sobre la luz cisterciense, la imaginación, la poesía y la fe se unen y remiten a «otro lugar». Lo eterno se presenta y se hace tangible y concreto. Bernardus Peeters enseña que la luz desempeña un papel importante en los escritos de los cistercienses de los siglos XII y XIII. Cristo es la luz que brilla en nuestra oscuridad. Este significado figurativo de la luz cisterciense se traduce también en lo concreto. Como siempre ocurre con los cistercienses, nunca se trata solo de una idea. Su anhelo de luz y, al mismo tiempo, su conciencia de la oscuridad se traducen en la construcción de sus monasterios. En la arquitectura de los antiguos monasterios cistercienses –pensemos en Fontenay, en Francia– se puede apreciar muy claramente el juego de luces y sombras. Se ha pensado muy conscientemente en este aspecto.

Bernardus dice que cuando se juega con la luz, también se aprende a conocer la oscuridad, es decir, lo que no es luz. Y da una interpretación espiritual a esto: «Los cristianos quieren caminar en la luz, pero al mismo tiempo se encuentran en la oscuridad. Están en camino hacia la luz. No es casualidad que las iglesias cistercienses más antiguas no tengan ventanas en los laterales. Las ventanas están orientadas al este y al oeste, no al norte y al sur. Las ventanas orientadas al este esperan la salida del sol, la llegada de Cristo. Es hacia él hacia quien se dirige el hombre. Las ventanas orientadas al oeste quieren dejar pasar la luz del atardecer, Cristo, el sol poniente. Hay una referencia al final de la vida, a la luz que se convierte en oscuridad».

El juego de la luz y la oscuridad tiene un gran significado en la tradición cisterciense. Bernardus menciona la iglesia de los siglos XII-XIII de la abadía de Tre Fontane en Roma. En esa abadía, donde rezan y trabajan monjes y monjas trapenses, hay un maravilloso juego de oscuridad y luz.

«En la vida monástica percibo en mí mismo una sensibilidad que antes no tenía. El hecho de que en nuestra vida no haya tantos estímulos lo favorece. Noto que vivo intensamente el cambio de las estaciones. Por eso, por ejemplo, me pareció tan especial la película *El gran silencio*, sobre la vida cartujana. En esa película no se dice nada, pero se oye llover durante minutos. El director entendió muy bien cómo lo viven los monjes. Miras la lluvia, la nieve que cae o el sol que brilla, oyes el viento soplar. Todos esos fragmentos evocan la atmósfera de una vida en silencio. Sin palabras, las imágenes hablan un lenguaje muy fuerte. También la luz en invierno, primavera, verano u otoño es siempre muy diferente».

Uno de los grandes descubrimientos de la vida monástica para Bernardus fue el oficio nocturno, que comienza en la oscuridad. «Para mí, la transición de la oscuridad al despertar del día se ha convertido en algo muy especial. No puedo evitar referirme aquí a Thomas Merton. Él también amaba mucho este momento. Hablaba de un *point vierge*, un "punto virgen". En el momento en que la oscuridad da paso a la luz, cuando entra la primera luz, la naturaleza contiene la respiración. Hay que probarlo y salir fuera para experimentar esa transición. Verás que parece como si el mundo se detuviera por un segundo y luego la creación estallara en algo nuevo, en un nuevo día. En ese momento, no se oye ni el canto de los pájaros ni nada. Es más bien como si alguien pulsara un interruptor. Lo vivo cada día como un regalo».

8

Rezar por las vocaciones

Cuando hablamos del futuro de la Iglesia y de la orden, para Bernardus es imprescindible incluir la oración por las vocaciones. Cuenta que rezar por las vocaciones se había convertido poco a poco en una obsesión, porque solo se trataba de números. «Cada vez me costaba más. Es Dios quien suscita las vocaciones. Si quiere enviar diez, envía diez. No nos corresponde a nosotros decidirlo. Para mí, rezar por las vocaciones es ante todo cuestionar mi propia vocación. Me hace preguntarme cómo vivo yo mismo mi fe. Recuerdo a un compañero que me dijo que no le apetecía rezar por las vocaciones porque no quería que se uniera nadie más, que eso le trastornaría la vida. Eso me hizo comprender que dejar de rezar por las vocaciones es cerrarse al mundo, considerándonos a nosotros mismos el centro de todo».

En la orden, san Bernardo de Claraval es considerado el patrón de las vocaciones. Una vez reunió a treinta hombres que había conseguido juntar y los llevó a todos al monasterio. A su festividad se le añadió una novena por las vocaciones.

Desde hace mucho tiempo, Bernardus está fascinado por el beato Peerke Donders, un misionero de Brabante, en los Países Bajos, que trabajó en Surinam. Se le llamaba «el apóstol de los leprosos y los indios». Cuando era abad en la abadía de Koningshoeven, su fascinación personal por Peerke Donders llevó a Bernardus a celebrar cada año una novena por las vocaciones en honor al beato. «Al fin y al cabo, lo teníamos cerca de casa. Estos días eran cada año un motivo para cuestionarnos nuestra propia vocación. Durante años, al final de la novena, siempre se presentaba alguien».

Bernardus sigue animando a las comunidades a rezar por las vocaciones. En México, los monjes estaban preocupados por el número de vocaciones. Durante una visita, les preguntó si rezaban por las vocaciones. Todos lo hacían individualmente, pero no juntos. Les aconsejó que empezaran a hacerlo juntos, en lugar de quedarse estancados en las preguntas sobre el futuro.

Pero Bernardus va más allá: «La oración por las vocaciones debe ser ampliamente compartida, también por las personas que rodean al monasterio. Hay muchos monasterios que tienen un grupo de amigos que se toman en serio esta oración. La consideran muy valiosa. Las vocaciones también tienen valor para los demás».

9

Abusos

Bernardus ve los abusos en la Iglesia como una página oscura y negra: «Debemos atrevernos a mirar esa página y tener el valor de no apartar la mirada, que suele ser la primera reacción. Afortunadamente, la mayor parte de los incidentes ya han quedado atrás. Escuchar a las víctimas lo cambia todo. No es que solo la víctima tenga derecho a hablar; pero escuchar es la única manera de comprender el daño causado por el abuso. Considero que el terrible impacto del abuso es la base para asumir nuestra responsabilidad».

Bernardus ha dado prioridad a esta escucha como abad de la abadía trapense de Koningshoeven y también como presidente de la Conferencia de Religiosos Neerlandeses. «A menudo se trata de casos complejos, el daño causado es inimaginable. Lo que más me conmueve es que el abuso sexual y espiritual distorsiona por completo la imagen que las personas tienen de Dios. Su relación con Dios se ve afectada. Pienso en una joven creyente que entró en el convento con la imagen de un Dios amoroso. Por causa de la superiora, Dios se convirtió en un Dios castigador. Eso me produce la sensación de que hemos dañado a alguien en lo más preciado, es decir, en su relación con Dios».

Bernardus añade que, en su orden, además del abuso sexual, se produjo sobre todo abuso de poder. Eso puede secuestrar a toda una comunidad. Para él, hablar de abuso siempre implica dar la palabra a las víctimas.

Un lugar en la agenda

El primer curso para superiores que Bernardus organizó en su función como abad general trató sobre el abuso. En aquel momento se estaba produciendo un gran caso de abuso dentro de la orden en Francia. Se pidió al abad de la abadía en cuestión que explicara el caso desde su perspectiva y experiencia. Las reacciones de los asistentes estuvieron muy divididas, lo cual es comprensible dadas las grandes diferencias culturales entre los superiores de todo el mundo.

«Atreverse a ver los hechos es un proceso de crecimiento», afirma Bernardus. «Al mismo tiempo, evaluar los hechos del pasado con los conocimientos que tenemos hoy en día no es fácil. También es importante no mirar solo hacia atrás. Tenemos una gran responsabilidad para con el futuro. Cómo podemos prevenir los abusos es una cuestión crucial. No creo que podamos resolver este problema estableciendo protocolos por todas partes. Tenemos que hablar de ello, tenemos que aprender de ello. Algunos dicen que los problemas de un monasterio concreto no tienen por qué ser conocidos fuera de él; pero yo no estoy de acuerdo. Por dolorosas que sean, las dificultades pueden enseñarnos algo».

Por último, el abad general elogia la política de Roma en esta materia. Desde su residencia en la ciudad eterna, observa que el enfoque del abuso en el centro neurálgico de la Iglesia está mucho más avanzado que en muchas provincias eclesiásticas. Según él, esto se lo debemos al papa Francisco. Él siempre ha sacado a colación este tema y lo ha relacionado con el futuro de la Iglesia en nuestras regiones.

10

Colaboraciones innovadoras

Según Bernardus, el futuro de la Iglesia será modesto, pero no menos poderoso. «Vivimos ahora en una época de transición de una gran Iglesia popular, con mucho esplendor y poder, a una Iglesia minoritaria. Es un momento difícil de purificación, pero no debemos pasar por alto la esperanza que encierra. La gran pregunta es si tendremos suficiente creatividad y fe para abandonar las viejas estructuras. Al fin y al cabo, no se trata de las estructuras, sino del núcleo, que siempre permanece igual. Traducido a la vida monástica, esto significa que quedarán pequeñas comunidades que, como discípulos de Jesús, se entregarán por completo a una vida de oración y trabajo, en toda sencillez y al mismo tiempo en comunidad con los demás. Tendremos que abandonar la estructura de las abadías autónomas para optar por comunidades más pequeñas que colaboren en un gran conjunto. Sin duda, algunas comunidades dejarán de existir y se hará más evidente la necesidad de reunirse en determinados lugares».

El fruto del Espíritu Santo que Bernardus experimenta actualmente en la orden se sitúa en una creciente colaboración que rompe la tendencia a encerrarse en uno mismo. Le gusta que las comunidades, pero también los superiores individuales y las regiones, busquen formas de colaboración y se ayuden mutuamente. Así, ve al Espíritu Santo obrando en el oeste de Francia, donde los superiores y los ecónomos de diferentes comunidades se reúnen regularmente. Colaboran en materia de economía y formación y organizan sesiones conjuntas. También en la isla de Schiermonnikoog, en los

Países Bajos, los trapenses intentan dar forma a una vida monástica que trasciende las fronteras de las diferentes espiritualidades monásticas. Rezan las horas canónicas junto con un pequeño grupo de carmelitas. También menciona a las hermanas cistercienses del monasterio de Las Huelgas, en Burgos (España). Durante el capítulo general de 2023, no solo tuvieron el valor de afrontar su vulnerabilidad, sino que también se mostraron abiertas a una colaboración mayor y renovada entre ellas. El abad general va aún más lejos en sus reflexiones sobre la renovación. Se pregunta si tal vez es el Espíritu Santo el que, desde la pandemia de covid-19, ha abierto las posibilidades positivas de los encuentros en línea, en particular para las sesiones de formación.

«Me parece esperanzador que las comunidades ya no tengan miedo de recurrir a la Comisión para el Futuro, que se encarga de acompañar a las comunidades vulnerables. Atreverse a afrontar la propia vulnerabilidad hace brotar nuevas iniciativas que concretan la solidaridad mutua. Las personas ya no se esconden tras la distancia, las barreras lingüísticas y las diferencias culturales. Me impresionan, por ejemplo, los hermanos de Oita, en Japón, que donaron parte de su cementerio a la comunidad musulmana local porque no podían enterrar a sus muertos de forma digna. Otra forma de solidaridad es la acogida de refugiados de Ucrania en muchos monasterios trapenses de Europa. Estos actos de solidaridad, así como todas las iniciativas que tratan de dar forma al cuidado de la creación, no están en contradicción con la vocación contemplativa de los trapenses, sino que son consecuencia de ella».

11

El Espíritu Santo obra

Desde el capítulo general de 2002, los monjes y monjas trapenses están debatiendo el tema de la «vulnerabilidad» en la orden y en las comunidades. Se trata de un debate que recorre todas las fases del proceso de aceptación de la pérdida: desde la negación o la represión de la dura realidad, pasando por la ira y la rebeldía, hasta llegar a una forma de aceptación. Tras años de debate, han llegado a un texto a modo de estatuto que garantiza el acompañamiento de las comunidades vulnerables, pero que también contempla la posibilidad de disolverlas.

Bernardus describe esta evolución como obra del Espíritu Santo. La fragilidad ya no se afronta como una amenaza y se cuestiona la idea de autonomía de una abadía. Junto con su Consejo General, el abad general ha tenido el privilegio de conocer en los últimos años a muchas comunidades que no han eludido su vulnerabilidad. Esta fragilidad no solo se sitúa en cuestiones sobre el futuro de una abadía, sino también en su solvencia económica, en su capacidad para seguir celebrando la liturgia, en la vida comunitaria y en la vida individual de los hermanos y hermanas.

«Por contradictorio que parezca, la posibilidad del cierre de una abadía a veces provoca una revitalización. Pero incluso cuando una abadía cierra, tiene un profundo significado espiritual. Esa comunidad es entonces como una semilla que se esparce en la tierra y sigue dando frutos de otra manera».

Sin embargo, nueva vida

En medio de la fragilidad de las comunidades y el cierre de algunas de ellas, es notable que la orden esté actualmente involucrada en cinco proyectos de fundación. En Senegal, la comunidad de Sept-Fons, en Francia, participa en un proyecto de fundación a petición del abad benedictino de Keur Mousa. Este abogaba por una mayor diversidad de la vida benedictina en Senegal. Actualmente hay ocho hermanos en Badí (Senegal), y algunos hermanos senegaleses ya han hecho su profesión solemne en Sept-Fons. Al mismo tiempo, la comunidad de Sept-Fons está estudiando un proyecto de fundación en Vietnam.

La comunidad de trapenses de Humocaro, en Venezuela, trabaja en un nuevo proyecto en El Rosal, al norte de Bogotá, la capital de la vecina Colombia. Las hermanas llevan varios años viviendo allí y han sentado unas buenas bases económicas. Gozan de la confianza y del apoyo de la población local. En Nigeria, los trapenses de Awhum han iniciado un proyecto en Akokwa. Debido a la pandemia de covid-19, la orden aún no ha podido reconocerlo como fundación oficial, lo que quizá ocurra durante el próximo capítulo. En 2023, la comunidad de Rawaseneng, en Indonesia, inició un proyecto en la isla de Kalimantan.

Todos estos nuevos proyectos son testimonio de una nueva vida y de la voluntad de las comunidades de transmitir el modo de existencia cisterciense. Las dos últimas fundaciones oficialmente reconocidas han tenido lugar en la Europa secularizada: Palaçoulo en Portugal y Munkeby en Noruega. Cada una a su manera, dan testimonio de la presencia contemplativa de la Iglesia que va a la periferia. «Pero estas nuevas fundaciones, signos de nueva vida, también conllevan su propia fragilidad», afirma Bernardus. «Debemos ser realistas al respecto».

12

Fuego ardiente

Si le preguntas a Bernardus qué espera lograr en el futuro para la orden, señala varios problemas y también posibles soluciones. «Lo más importante es la transmisión de la misión de la vida trapense entre las diferentes generaciones. No hay duda de que existe el deseo de transmitir nuestra forma de vida. Pero en algunas comunidades ya no hay vida que transmitir, en otras no es algo que se dé por sentado. Yo lo describo como un problema de fertilidad. Estoy firmemente convencido de que la vida monástica es y sigue siendo fecunda, pero no logramos que sea fecunda en diferentes contextos».

Según Bernardus, la vida trapense no es estática. Cada época exige una respuesta propia, una experiencia propia. «La imagen del viejo trapense que siempre calla, hace penitencia y trabaja duro fue la respuesta de una generación de monjes –basada en la tradición de Cîteaux– a la violencia de la Revolución francesa y sus consecuencias. Dado el auge de los monasterios trapenses en aquella época, era aparentemente la respuesta adecuada en el momento concreto. Si queremos que el fuego monástico vuelva a arder hoy, debemos ser conscientes, ante todo, de que el pensamiento institucional y el poder establecido pueden apagar esta llama. Tengo la sensación de que las prácticas del Antiguo Régimen ya no tienen peso. La pregunta que me hago es si los trapenses siguen reconociéndose en ese fuego. ¿Dominan el arte de conectar los principios básicos de la espiritualidad cisterciense con nuestro tiempo? Y si es así, ¿cómo lo logramos?».

Según Bernardus, el gran reto para los trapenses consiste en recorrer el camino de fuera hacia dentro, no para integrarse en el mundo, sino para observarlo desde la distancia; no para condenarlo, sino para descubrir en él al Cristo hecho hombre. «¿Dónde vemos hoy a Cristo como cistercienses? Para que quede claro: no le damos la espalda al mundo para llevarlo ante la presencia de Dios, sino que nos situamos al margen del mundo, con la mirada puesta en él. En el horizonte vemos a Cristo resplandeciente como el sol. Junto con los hombres, buscamos su presencia en este mundo. El mundo no es para nosotros un objeto, es un sujeto en el que Cristo está presente de forma oculta. Tras la renovación exterior de nuestra vida, la búsqueda de Cristo en las personas y en las situaciones nos exigirá una gran renovación interior».

13

El encuentro entre el sueño y la realidad

Seis meses después de su elección como abad general, muchos hermanos le piden a dom Bernardus que les inspire mediante cartas circulares. «No es fácil», fue su respuesta a este deseo. «Intentaré dar lo que tengo desde mi propia pobreza». El día de la fiesta de san Bernardo de Claraval, el 20 de agosto de 2022, envió su primera carta al mundo. *Soñemos* era el título, una invitación que despertaba asombro.

Inmediatamente después de su elección, Bernardus anuncia su intención de visitar las reuniones de cada región. No solo quiere conocer mejor a los superiores allí reunidos, sino que también desea conocer las alegrías y las necesidades de las diferentes regiones. Durante sus visitas pide invariablemente a los superiores que compartan con él sus sueños sobre la orden. Sobre esto escribe en su primera carta: «Han hecho lo que les pedí. ¡Con qué entrega han soñado! Algunos de ustedes quizá hayan fruncido el ceño ante todo eso y se han preguntado para qué es necesario. ¿Qué quiere conseguir con esto el nuevo abad general? ¿No exigen más bien acción los tiempos actuales y la situación actual de la orden? ¿No son todos esos sueños sobre todo una negación de la realidad? ¿No tenía razón el sabio predicador: "Porque demasiado trabajo lleva a soñar y demasiado hablar lleva a charlar" (Ecl 5,2)? ¡Déjenme explicarlo!».

La crisis como realidad

Dom Bernardus señala que todo el mundo tiene sueños a
pesar de –o gracias a– la crisis que atraviesa la orden.
«No solo se sueña con la propia orden», dice, «sino también con
el mundo y la Iglesia, de los que formamos parte». No se le
escapa que utiliza a menudo la palabra *crisis*. «No puedo
evitarlo», dice, «forma parte de la realidad tal y como es en
la orden, pero también en el mundo y en la Iglesia. Incluso
se habla de una acumulación de crisis: sistemas enteros se
ven sometidos a una fuerte presión y las soluciones no pueden tardar en llegar. No es el momento de encerrarnos», afirma Bernardus. «Debemos utilizar los ojos del corazón para
tomar las decisiones correctas. Este es un momento para actuar. Debemos permanecer presentes en los lugares donde se
producen tensiones y crisis».

Romanticismo por la borda

Dom Bernardus señala, además, que mucha gente tiene la
idea de que los monjes y monjas se dedican todo el día a
asuntos espirituales. Le viene espontáneamente a la mente
una estatuilla de un buda de la felicidad, sentado todo el día
en contemplación. «Eso es una locura. Tanto si estás en un
monasterio como en una sociedad civil, en todo lo que haces
lo importante es estar abierto a Dios. Ya sea orando, trabajando en el jardín o en la oficina, hay que contar con Dios.
Los trapenses tienen que trabajar para mantenerse a flote y
eso esta más que justificado. Es más, creo que todo el cristianismo funciona así. El cristianismo no es algo esotérico,
no solo importa lo espiritual. Jesús es Dios y hombre. La
tierra y el cielo se tocan constantemente. Sería bueno que,
como seguidores de Cristo, hiciéramos más hincapié en ello.
Haríamos bien en dejar de lado el romanticismo».

14

Guía

A la pregunta de cómo los trapenses pueden ser un modelo para la Iglesia de hoy y de mañana, Bernardus responde con determinación: «No podemos desempeñar un papel de pioneros, porque solo somos guías. Nuestras comunidades muestran un camino que se puede seguir. El mundo no tiene que seguirnos. Con nuestra elección y nuestro modo de vida remitimos a la dimensión vertical de la vida, a que hay algo más grande que lo visible. Este testimonio es muy importante, pero tampoco hay que subestimarlo en el plano horizontal. La convivencia bajo un mismo techo de personas que no se han elegido, sobre todo si las comunidades son multiculturales, es un testimonio en sí mismo».

Ser un guía es una imagen muy querida para dom Bernardus. Es muy consciente de que hay transeúntes que no prestan atención a las señales. Pero también es posible que sea la propia señal la que necesite una renovación para dejar claro que la perspectiva contemplativa es una ruta posible en nuestro mundo. «Si lo conseguimos, la esperanza crecerá al hacer visible lo invisible, contrarrestando la violencia con amor verdadero y atreviéndonos a decir sí a la vulnerabilidad, porque Dios se encuentra allí».

Existen

Según Bernardus, la contribución de la orden a la Iglesia local y mundial es simplemente «estar». Las *Constitucio-*

nes de la orden hablan de una fecundidad apostólica garantizada. Ahora que, como abad general, visita comunidades de todo el mundo, ve mejor cómo funciona esta fecundidad apostólica. Es oculta, porque los trapenses no tienen un apostolado visible y, sin embargo, no es tan oculta, porque las comunidades monásticas ocupan un lugar propio en la Iglesia local y en el entorno. Llevan una vida cristiana sencilla de oración y trabajo, y muestran que es posible hacerlo junto con otros.

«Durante mi visita a Marruecos pude experimentar de una manera muy especial la sencillez y el significado de nuestra vida. Los hermanos quieren ser allí orantes entre los orantes, siguiendo el ejemplo de los mártires de Tibhirine en Argelia. Viven en un pequeño monasterio al pie de las montañas del Atlas, en un pueblo donde la gente los conoce, pero donde al mismo tiempo son completamente extranjeros, tanto en lo cultural como en lo religioso. En un entorno totalmente islámico, viven de manera sencilla su vida monástica de oración y trabajo. Tienen una pequeña casa de huéspedes y trabajan con algunas personas del pueblo. Cada mañana, los trabajadores y los hermanos toman juntos el té y comparten pan con sardinas. Esto tiene algo de eucaristía. Su vida no es espectacular, pero crea lazos de amistad y paz más allá de las fronteras de la fe y la cultura. De este modo, Dios se hace visible y tangible».

Según Bernardus, la contribución de los trapenses consiste principalmente en mantener el mundo abierto a Dios. Esto se hace con toda sencillez y en la intimidad. Los antiguos celtas hablaban de *thin places*, lugares donde el cielo y la tierra se tocan. Este es un sueño para las comunidades trapenses. Precisamente en un mundo secularizado hay necesidad de ello. Pero ¿hay sensibilidad para algo así? El mundo moderno es reacio a los dogmas, pero le fascinan los lugares y las personas donde lo invisible y lo innombrable se hacen visibles y nombrables.

«Cuando era un joven monje, una vez tuve una conversación con un camionero durante una jornada de puertas abiertas. Se acercó a mí y me dio las gracias por mis oraciones y por el hecho de que cada mañana, a las cinco, cuando se iba a trabajar con su camión, veía la luz de la iglesia de la abadía. Lo veía como una señal de que la gente rezaba por él. Me sorprendió que dijera eso y me sentí un poco avergonzado. Me pregunté si alguna vez había pensado en ese hombre durante mis oraciones. Para mí fue una prueba de la fecundidad apostólica oculta de la vida monástica».

TERCERA PARTE

VIVIR ES ENCONTRARSE

1

No es un ermitaño solitario

Cuando Bernardus comunicó su decisión de hacerse trapense, su padre le preguntó si era consciente de lo definitivo que era ese paso, de que no podría volver así como así del claustro. Hoy, Bernardus no puede sino confirmar la seriedad de esta pregunta, ya que un monje está llamado a abandonar todo para seguir a Cristo. Él mismo lo pide en el Evangelio. Cuando se le pregunta qué significa realmente abandonar todo, llama la atención sobre algo que Jesús no dijo en su llamada.

«Hay una cosa de la que Jesús no habla, y quizá sea la más importante. Jesús nunca dice que debemos abandonarnos a nosotros mismos. Esto significa que quien renuncia a todos los bienes no lo hace para enorgullecerse de sí mismo o para llevar una vida independiente, como si fuera una especie de ermitaño alejado de todos los demás. Cuando Cristo habla de negarse a uno mismo, no dice en absoluto que deba abandonarme a mí mismo. Sin embargo, debo renunciar a mí mismo para pertenecer a una comunidad, para entregarme a la comunidad, para estar ahí para los demás».

Encuentro entre lo vertical y lo horizontal

El abad general cree que venimos de una época en la que la Iglesia adoptó sucesivamente dos actitudes totalmente diferentes. En la época anterior al Concilio Vaticano II, se hacía mucho hincapié en la liturgia, que acercaba a las personas a Dios. Después, se centró en el pueblo de Dios en camino, aquí en la tierra, con el peligro de convertirse en una especie de asociación recreativa. La línea horizontal y la vertical evocan la imagen de un movimiento pendular en la Iglesia. Dom Bernardus quiere situarse en algún punto intermedio. «Para mí, la Iglesia es ante todo un lugar de encuentro con Dios. Estoy convencido de que la vida religiosa, más concretamente la vida monástica, puede aportar una contribución específica a ello. Nuestra vida como trapenses muestra de manera muy concreta cómo esa comunidad, formada por personas de carne y hueso, con altibajos, se reúne en torno a Dios y al prójimo. Por lo tanto, es posible hacer justicia a ambos polos sin dejar de estar en el mundo. Esto último les resulta extraño a las personas. Tienen la sensación de que los trapenses dan la espalda al mundo. Es cierto que nos alejamos del mundo, pero nuestros monasterios se encuentran en el mundo y no al margen de él. Espero que la Iglesia pueda inspirarse en nuestra forma de vivir, orar y trabajar».

El oído del corazón

Para Bernardus, escuchar es fundamental en el encuentro. Lo ve en el contexto del prólogo de la Regla de san Benito, donde se exhorta a los monjes a que escuchen con el oído del corazón. «Puedo escuchar con mis oídos, pero eso sigue siendo escuchar por fuera. Entonces todavía no entro en esa relación, me escucho demasiado a mí mismo. Quien escucha con los oídos del corazón, escucha con amor. Escuchar se convierte entonces en sinónimo de encuentro. En mi oración no escucho con los oídos. En ese momento, estos oyen otras cosas que no quiero o no debo oír. Mi oración se desarrolla en la escucha a Dios, al otro y a mí

mismo con el corazón. Como monjes, pedimos en la oración diaria de las horas: "Tú nos has dado una tarea, danos
también un corazón que escuche". Este escuchar requiere
mucho más que aguzar los oídos. Me gusta compararlo con
escuchar los pasos de un visitante que esperas, pero que
aún no ha llegado».

2

Complementariedad de géneros

Bernardus ve la escucha más como una cualidad femenina. Los hombres también la poseen, pero las mujeres parecen estar más dispuestas a escuchar por naturaleza. Esto no coloca a las mujeres en una posición subordinada. Bernardus piensa en María, la mujer que guardaba y meditaba todo en su corazón. Los hombres tienden a optar más rápidamente por emprender algo, por pasar a la acción. El hombre y la mujer son complementarios. Bernardus echa en falta esta complementariedad en los debates sociales, también en el debate eclesiástico sobre el ministerio.

«Como monjes y monjas trapenses formamos una sola orden, estamos bajo una sola administración. El Consejo al que puedo recurrir como abad general está compuesto por tres hombres y dos mujeres de diversas culturas. Es un reto fructífero desde la fe en la complementariedad. Las mujeres miembros del Consejo tienen la capacidad de escuchar con paciencia. Lo veo como un llamamiento a desarrollar más ese talento en mí mismo. En cada persona hay una interacción entre las cualidades masculinas y las femeninas, y esa combinación es importante para convertirse en un ser humano equilibrado.

Si miro a nuestra orden, hay comunidades que son estereotípicamente masculinas. El espíritu emprendedor está en auge y, al mismo tiempo, son duros entre ellos. El cuidado, la atención, la disposición a escuchar, cualidades más bien femeninas, brillan por su ausencia. Pero si solo prevalecen las cualidades femeninas, eso también es perjudicial para la vida en comunidad».

Dom Bernardus opina que «si la familia es la comunidad natural en la que se realiza plenamente la complementariedad entre el hombre y la mujer, la orden debe parecerse cada vez más a una familia en la que esta complementariedad sea visible».

Corresponsabilidad

Desde la última asamblea general, algunos monjes dirigen comunidades mixtas de trapenses. Esto indica que la orden se toma en serio la complementariedad de los sexos. El abad general constata que las superioras ejercen sus funciones con gran competencia. Sus propias experiencias son positivas; pero también lo son las de los hermanos y hermanas confiados a su atento cuidado.

«En las comunidades de Tre Fontane y Acque Salvie, en Roma, los monjes y las monjas oran y trabajan en la misma comunidad. Lo considero un experimento profético. En este importante lugar de Roma, en el corazón de la Iglesia, este testimonio de la complementariedad de los monjes y las monjas, por difícil y frágil que sea, es de gran importancia. En dos lugares de la orden, una hermana es ahora también acompañante de los monjes en la formación inicial. Es otro ejemplo del Espíritu que abre caminos nuevos y sorprendentes, que hasta hace poco considerábamos impensables e incluso indeseables».

Según dom Bernardus, la orden se encuentra aún al comienzo de este camino, que exigirá mucha más creatividad y valentía por parte de todos. Un estudio estadístico reciente muestra que, tras el descenso en el número de miembros, la orden cuenta ahora probablemente con el mismo número de monjes que de monjas. Pronto las trapenses serán mayoría. Esta situación no se ha dado desde el siglo XIII. ¿Qué significa esto para el futuro de la orden?

La crisis y el nuevo impulso se manifiestan en la familia

Al comienzo del capítulo general, Bernardus había leído *Soñemos juntos*, un libro escrito por el papa Francisco durante la pandemia. Para el papa, soñar es una forma de salir de una crisis. Para él, una crisis es «un momento para soñar en grande, para replantearnos nuestras prioridades –lo que consideramos importante, lo que queremos, lo que buscamos– y para actuar en nuestra vida cotidiana de acuerdo con lo que hemos soñado». El papa dice: «Lo que escucho en este momento es similar a lo que Isaías oye decir a Dios: "Venid, hablemos de esto. Atrevámonos a soñar"».

Siguiendo el ejemplo del papa, Bernardus desea que sus hermanos descubran la importancia de soñar como una forma de salir de una crisis. No se trata de los sueños en sí mismos, sino de lo que hay detrás o debajo de ellos. Con ello se hace eco de las palabras del papa durante la audiencia del 26 de enero de 2022: «El sueño simboliza la vida espiritual de cada uno de nosotros, ese espacio interior que debemos cultivar y proteger, donde Dios se manifiesta y a menudo nos habla».

Cambio radical

Bernardus habla de una crisis en su propia vida y de cómo, en ese momento, de repente se hizo la luz. «La paz interior me invadió en un momento en el que me encontraba en un caos total. Ya había ingresado. Uno de mis hermanos abandonó la orden y otro buscó refugio en otro lugar. Me preguntaba qué camino debía seguir. Era como si todo mi castillo de naipes se derrumbara. El impacto en mi vida fue enorme. Pero en medio de esa tormenta, en medio de ese caos, pude experimentar una especie de paz interior. Hubo un momento en el que sentí en lo más profundo de mi ser que alguien me decía: "Tú eres mi hijo amado"».

Esta experiencia, que no era teórica ni ajena al mundo, le dio a Bernardus la fuerza para ver con claridad en medio del caos. «Las cosas cambiaron», resume. «Esa conciencia sigue siendo muy valiosa para mí hasta el día de hoy. Si no me hubiera sentido amado, mi problema habría sido irresoluble. También sentí que ese era el lugar donde debía estar, en la escuela cisterciense del amor». En esta escuela, Bernardus aprendió, aunque con altibajos, lo que puede significar el amor en la convivencia diaria.

«Al enfrentarme a mis propios defectos en la convivencia con los demás, aprendí a aceptarme a mí mismo. Sabía que mis hermanos me aceptaban. En la convivencia también aprendí lo que significa la conversión. Si se quiere formar una comunidad, el yo no puede ser el centro, porque si lo es, la convivencia se vuelve imposible».

Ambas cosas, el autoconocimiento y el amor al prójimo, le han enseñado mucho a Bernardus sobre el amor de Dios. Aprendió que no podía amar a Dios si no aprendía a amar al prójimo y a sí mismo. Esto es lo que le enseñó la convivencia concreta con sus hermanos. «Descubrí que la fragilidad no debe ocultarse, sino que es parte esencial de la vida. A través de la experiencia de caer y levantarme aprendí que quien abraza una crisis puede descubrir nuevos caminos».

La convivencia en comunidad es, además, una característica típica del estilo de vida de los cistercienses. En la práctica, durante el día rara vez estás solo. En la iglesia, en el *scriptorium* o sala de lectura, en la mesa o cuando realizas las tareas manuales: siempre estás con otros. Esto te permite conocer a los demás, con sus aspectos positivos y negativos; pero también, y sobre todo, te permite conocerte a ti mismo.

4

Vivir juntos es celebrar la vida

Una reflexión que a dom Bernardus le gusta compartir es que el futuro de las abadías depende de su capacidad para convertirse en lugares donde se celebra la vida. Según él, hay monasterios donde en realidad no se vive. Son lugares donde uno se esconde de la cruda luz de la realidad. La vida religiosa que se vive allí no está abierta a la realidad del mundo y del tiempo en que vivimos. Se crea un mundo paralelo a otro.

El trapense Thomas Merton hablaba de la abadía como el lugar donde se celebra la vida. ¿Puede la sociedad, cada vez más polarizada, aprender algo de esta afirmación? Dom Bernardus señala que de la tensión paradójica entre la celebración y los conflictos en una comunidad surge algo nuevo. «Tanto celebrar juntos como el reto de convivir con personas que no hemos elegido –lo que a veces lleva a la desesperación– son elementos esenciales que hacen que una comunidad sea una comunidad. Recuerdo una comunidad a la que se incorporaron cinco monjes de diferentes culturas para revitalizarla. Los hermanos mayores estaban contentos porque cinco compañeros se unían al grupo; pero yo les advertí que, sin cambio, sin el choque con la diferencia de los recién llegados, nunca llegarían a ser una comunidad. Que nunca podría ser una fiesta».

5

El monje como sacramento del encuentro con Dios

Bernardus siempre ha estado encantado con el libro de Edward Schillebeeckx *Cristo, sacramento del encuentro con Dios*. En su opinión, un monje es un sacramento del encuentro, tanto con Dios como con el hombre. Este encuentro se puede vivir en un solo lugar. Por eso es bueno que los monjes no huyan ni escapen de los problemas ni de los demás. El testimonio de los trapenses de Tibhirine es para dom Bernardus un ejemplo muy hermoso de ello. Hicieron lo que tantos monjes hacen y seguirán haciendo: orar en silencio y trabajar con miras a una auténtica vida comunitaria. Pero lo especial de Tibhirine era que esta pequeña comunidad de trapenses vivía, trabajaba y oraba en medio de musulmanes, bereberes pobres. Fue fundada en 1938 y quería ser una comunidad en busca de Dios y a la escucha de su Palabra. Después de que en octubre de 1993 fueran amenazados de muerte por la resistencia armada, este pequeño grupo de trapenses siguió optando por no abandonar el lugar al que Dios los había llevado: la abadía de Nuestra Señora del Atlas. El 27 de marzo de 1996, siete de ellos fueron secuestrados y, poco menos de dos meses después, tras más de cincuenta días de tensa espera y oración, fueron asesinados por sus secuestradores, pertenecientes al Grupo Islámico Armado. Su trágico final es conocido por muchos gracias a la película *De dioses y hombres*, que fue galardonada con el Gran Premio del Jurado en el Festival de Cannes de 2010.

Bernardus cuenta espontáneamente el momento en que el médico trapense, el hermano Luc, está sentado en un banco con una chica que tiene problemas amorosos. La escena de la película es especialmente bella porque Luc solo escucha. Cuando finalmente habla, dice: «Yo también he pasado por eso». Ella no termina de creérselo, porque eso no podía ser verdad, ¿no? Eso es solidaridad: acoger a las personas que llaman a tu puerta y escucharlas. Esa solidaridad no es meramente económica, se trata de solidaridad real, a veces con la muerte como consecuencia. Los trapenses asesinados de Tibhirine querían ser conscientemente ese lugar de encuentro, con las consecuencias más extremas.

Dom Bernardus habla también de los momentos tan tensos que están viviendo las monjas trapenses en Siria. De un día para otro se han encontrado en una situación cuyo futuro es impredecible. Los combatientes islámicos son amables con todo el mundo por ahora. Pero ¿cuánto tiempo durará? Las monjas se han preguntado si deben quedarse o marcharse. Y han decidido quedarse.

Los lugares de encuentro son cada vez más importantes en nuestro mundo. Muestran la posibilidad de convivir con diferentes generaciones, nacionalidades y culturas. «En nuestra sociedad, a la gente le gusta dividir a las personas en grupos. Los mayores por un lado, los más jóvenes por otro, la generación intermedia por otro; hay una generación X, una Y, una Z. También en la Iglesia se hace una división entre laicos, sacerdotes y religiosos. Como monjes, elegimos permanecer juntos y convivir con todas esas diferencias. Una abadía quiere ser un lugar de encuentro entre Dios, los demás y uno mismo».

6

Un trío sagrado: silencio, solidaridad y sobriedad

Según Bernardus, en una abadía hay tres valores fundamentales: silencio, solidaridad y sobriedad. En ellos resuena un mensaje para la Iglesia de nuestro tiempo; pero también para el mundo. Al reformularlo, se puede llegar a las personas de hoy, afirma dom Bernardus. «La misión de una abadía se puede describir como un lugar de encuentro entre uno mismo, Dios y los demás, en una vida caracterizada por el silencio, la solidaridad y la austeridad. En realidad, se trata de una traducción de los votos tradicionales al lenguaje actual, que permite dirigirse a un público amplio, creyente o no creyente».

«El silencio», dice Bernardus, «es algo que buscan innumerables personas en nuestra sociedad agitada. El hecho de que las habitaciones para huéspedes de nuestros monasterios estén llenas lo dice todo. Cuando se habla de silencio, la gente aguza el oído. También una vida sencilla y austera es un anhelo que late en muchas personas, como reacción a la sociedad de consumo y en respuesta a la creciente atención prestada a la ecología. Si se une este anhelo con la solidaridad, el prójimo pasa a ocupar un lugar central. Yo experimento la solidaridad como una traducción moderna del término *amor al prójimo*. El anhelo de austeridad y solidaridad abre una puerta para hablar de Dios. Son pocas las personas a las que no les dice nada el llamamiento a la solidaridad. El anhelo de ser solidario es la voluntad de comprometerse con el prójimo en nuestro tiempo».

Un lenguaje contemporáneo

Dom Bernardus se pregunta si el lenguaje que se utiliza en los monasterios y las iglesias sigue siendo adecuado para nuestra época. «Es evidente que la gente ya no acude automáticamente a nosotros con formación eclesiástica, como ocurría en las décadas anteriores. Para cambiar esta tendencia, para mí lo más importante es el lenguaje que utilizamos. Desde las primeras generaciones, la fuerza del cristianismo reside en que se expresa en la lengua local. Tomemos, por ejemplo, a Pablo. Él sale, va hacia la gente, pero también es una cuestión de lenguaje. Hace todo lo posible para que su mensaje, la lengua judía y la mentalidad judía sean comprensibles para los griegos. De este modo, también les transmite el atractivo que el lenguaje tenía originalmente».

Bernardus ve algo similar en san Benito. En su Regla aplica el mismo principio. «Cuando el Imperio romano de Occidente se derrumba, Benito intenta con su lenguaje aportar estructura en medio del caos. En la Regla se ofrece a las personas un punto de apoyo. Habla de paz, pero también proporciona elementos estructurantes, como la oración y el trabajo».

Según Bernardus, esto adoptó formas diferentes en otras épocas. «Los fundadores de la Orden del Císter crearon, en el siglo XII –un periodo en el que la cultura y la literatura cortesanas estaban en su apogeo–, una escuela del amor. Quizás sea un nombre extraño para un grupo de hombres que se retiran a un bosque. Pero los contemporáneos de entonces lo entendían. Sabían de qué amor se trataba. Utilizaban un lenguaje que hasta entonces no se había empleado. Pero este proceso continuó. En el siglo XVII, y sin duda en el XIX, los trapenses hacen exactamente lo mismo. En una sociedad sumida en el caos tras la Revolución francesa y en la que Dios está muy lejos, existe la idea de que solo a través de la penitencia Dios se reconciliará con el mundo. Los trapenses dan una respuesta a esto: forman bastiones de penitencia y restauración».

Según dom Bernardus, no debemos tener miedo de traducir nuestro lenguaje religioso al mundo actual. «Es importante que nuestro lenguaje religioso sea comprensible para el hombre de hoy. Esto supone, en primer lugar y sobre todo, la conciencia de que ya no son las personas las que vienen a nosotros, sino que somos nosotros los que debemos acercarnos a ellas». También en relación con esto, Bernardus se refiere a los hermanos de Tibhirine. Según él, ellos lograron seguir hablando su idioma, pero supieron combinarlo bien con un movimiento hacia el otro. Escuchar al otro fue la clave que utilizaron.

8

La oración

Dom Bernardus plantea una serie de preguntas pertinentes que no solo se aplican a los monjes y monjas. En realidad, todo cristiano debería planteárselas. «¿Hemos recibido una buena formación para poder orar? ¿Dominamos el lenguaje para poder mantener una conversación continua con Dios? ¿Recibimos orientación en el camino de la oración ininterrumpida? ¿O está todo esto sepultado bajo las preocupaciones cotidianas, la decepción y la frustración? Si ya no hablamos el lenguaje de la oración, ¿cómo puede nuestra oración significar algo para los demás? Por eso invito a los trapenses, pero también a todos los cristianos, a reflexionar sobre su oración personal».

Oración y silencio

En la tradición trapense existe un vínculo indisoluble entre la oración y el silencio. Así, en sus textos oficiales se puede leer que «el monje, que se dedica a una vida de oración continua, necesita cada día un cierto tiempo de oración. Esta búsqueda de una vida de oración debe vivirse en un ambiente de recogimiento y silencio del que todos son responsables. En particular, se mantendrá el gran silencio nocturno y el silencio en lugares específicos». En otro texto se establece la misma relación entre «una atmósfera de silencio y separación del mundo que, juntos, favorecen la apertura a Dios y se expresan en la contemplación... meditando todas estas cosas, como hacía María, en el corazón».

Oración y sobriedad

«Otra característica de esta oración interior en el Espíritu Santo es la necesidad de sencillez. Con el tiempo, la oración se vuelve sobria. Las muchas palabras de la etapa inicial se reducen al silencio y se apagan. La persona de oración se limitará a una sola fórmula, a veces a una sola palabra, o simplemente al Nombre»[8]. Con esta cita de André Louf, Bernardus señala la importancia de la oración breve y sencilla. La exhortación de san Benito a la sencillez en la oración se inspira en la oración de los padres del desierto, que alternaban sus trabajos manuales con fórmulas de oración breves y sencillas.

Bernardus también cita con gusto la famosa escala espiritual de Juan Clímaco, que en pocas palabras dice mucho: «No busques fórmulas en tu oración. Una sola palabra del publicano movió a Dios a la misericordia. Una sola palabra de fe salvó al buen ladrón»[9].

Oración y solidaridad

La oración auténtica está arraigada en el silencio y la sencillez; pero se extiende a toda la creación y, por lo tanto, pone de relieve la solidaridad, según el abad general. Cuando se le preguntó por qué había un monasterio cisterciense en un entorno totalmente islámico, Christian de Chergé, el prior asesinado de Tibhirine, respondió: «Para ser orantes entre los orantes». Bernardus ve en esta respuesta una interpretación propia del carisma cisterciense y, al mismo tiempo, una llamada a los demás. Los hermanos asesinados allí eran solidarios con los demás y, sin embargo, eran ellos mismos; pero Bernardus cree que las personas que viven en un mun-

---

[8]   André Louf, *Señor, enséñanos a rezar*, Narcea, Madrid 1979, 172.

[9]   Juan Clímaco, «De geestelijke ladder», *monastieke cahiers 50*, Abdij Bethlehem, Bonheiden 2002, 28 (trad. esp.: *La escala espiritual*).

do secularizado, o en un mundo que parte de la base de que se puede vivir sin Dios, deben desarrollar un nuevo lenguaje que pueda volver atractivo el carisma cisterciense.

«Que nosotros, como comunidades monásticas, mantenemos el mundo abierto a Dios a través de nuestra oración, se ve sobre todo en la celebración de la liturgia. Pero ¿a cuántas personas no les conmueve la oración silenciosa y personal de un monje o una monja?».

La oración cambia al orante

En y a través de la oración no cambia Dios, sino quien ora a Dios. El abad general cita el *Catecismo de la Iglesia católica*: «La oración contemplativa es unión con la oración de Cristo en la medida en que ella nos hace participar de su misterio. El misterio de Cristo es celebrado por la Iglesia en la eucaristía; y el Espíritu Santo lo hace vivir en la contemplación para que sea manifestado por medio de la caridad en acto».

Es mucho decir, pero Bernardus está convencido de que la Iglesia, y también el mundo, esperan de los trapenses que utilicen hoy el don que han recibido de Dios para hacer presente a Dios en este mundo. «Nuestra corresponsabilidad en la misión de la Iglesia consiste en convertirnos en el corazón orante de su cuerpo místico. En mi circular "La oración como escuela de esperanza" describo la oración como "intentar seguir rezando y rezar para seguir intentando". La esencia de la vida monástica cisterciense es la oración».

Orar y encontrarse

Durante sus numerosos viajes, dom Bernardus experimenta una y otra vez que la oración comunitaria es muy poderosa. Dice al respecto: «En la oración comunitaria, personas que no tienen nada que ver rezan por los refugiados o por situaciones concretas de guerra. Pero precisamente al pronunciar esas oraciones, al nombrar las cosas, nuestra atención se orienta en una dirección. Te das cuenta de que tienes que hacer algo al respecto».

Las oraciones también se traducen en hechos concretos. «Hay monasterios que acogen a los refugiados con un gran corazón. Por ejemplo, un monasterio en el Congo se hizo responsable de veinticinco mil refugiados. Imagínense. Lo que hicieron fue admirable. Después las Naciones Unidas tomaron el relevo. El convento se convirtió oficialmente en un campo de refugiados. Se construyeron casas y, de repente, el convento se encontró en medio de una ciudad. Los monjes se quedaron, aunque tenían mil y una razones para marcharse. Con su hospitalidad hacia todos han significado mucho y siguen significando mucho para la gente. En otros lugares hay abadías que han cedido edificios vacíos para acoger a refugiados. De esta manera, la solidaridad dice mucho de su oración».

Oración continua

En una circular con motivo del Jubileo de la Esperanza, en el que los trapenses celebran su capítulo general, el abad general ha llamado la atención sobre la parte esencial de la vida trapense: la oración continua o ininterrumpida. Explica que hay tres formas importantes de oración: la oración vocal (liturgia), la meditativa (*lectio divina*) y la oración contemplativa. Estas tres formas de expresión del arrepentimiento del corazón constituyen, según él, la tarea fundamental de los monjes y monjas en este mundo: llevar la esperanza a través de la oración.

Aparte del motivo de la esperanza, dom Bernardus tenía otra razón para llamar la atención sobre el tema de la oración. Le conmovió profundamente el testimonio de una hermana mayor que pensaba que en el horario diario de la mayoría de las casas de los monjes y monjas trapenses había un período de oración silenciosa después de las vísperas y las vigilias nocturnas. En general, escribía, la oración se valora mucho en su comunidad; pero en todos los años que llevaba allí nunca había oído hablar de la oración contemplativa. «En esto reconozco la crisis actual de la vida monástica», dice dom Bernardus. «Falta una formación buena y significativa en la oración silenciosa y personal. A menudo oigo la queja de que no todos los hermanos y hermanas son fieles a los periodos de oración silenciosa después de las vísperas y las vigilias nocturnas. Por eso me atrevo a preguntar si las comunidades de la orden siguen siendo realmente casas de oración. ¿Acaso la vocación a la oración continua no es el deseo fundamental que nos llevó al monasterio?».

9

Apostar todo por el Único

Los monjes eligen permanecer célibes. Ya en el siglo IV, Juan Casiano nos dice que quien elige la vida monástica debe huir, en primer lugar, del obispo y de la mujer. El matrimonio y la paternidad o la elección de un obispo que represente a la institución no son opciones para un monje. Las mujeres y los hombres del *ora et labora* eligen un espacio y una perspectiva propios para vivir consigo mismos bajo la mirada de Dios. Bernardus es consciente de que no todos son conscientes de ello cuando ingresan, porque es casi imposible saber en ese momento por qué se opta en realidad.

«Poco a poco», dice Bernardus, «se aprende a elegir conscientemente. La decisión de permanecer célibe forma parte de la vida monástica. En el caso de un presbítero diocesano, el celibato forma parte de una ley eclesiástica que va unida al sacerdocio. En el caso de los monjes se sitúa más en el plano del ser. Es una elección de unirse al Único. El término monje proviene de la palabra griega *mónos*, que significa «solo». Gracias a nuestra elección de vida, podemos entregarnos al Único, a Dios, de forma plena y radical. Esto ya puede ser en sí mismo un testimonio. Se trata de apostar todo por Dios y, al mismo tiempo, experimentar en ese Único a todos los hombres, incluso a toda la creación. No es casualidad que se cuestione el celibato de los sacerdotes diocesanos, mientras que no se plantea la abolición del celibato de los monjes. Es algo muy diferente».

10

Una escuela del amor

Para Bernardus, una escuela del amor es un camino de vida que transforma al ser humano mediante la combinación de la oración (corazón), la lectura (intelecto) y el trabajo (cuerpo). Te enseña a amar y por qué hacerlo. En la reforma de la regla benedictina los monjes se inspiraron en el ejemplo de Jesucristo. Querían parecerse a él, querían ser uno con él. Querían ser pobres con el Cristo pobre y, para ello, pusieron el amor en el centro. Los monjes que estuvieron al inicio del movimiento cisterciense decidieron conscientemente vivir del trabajo de sus manos. Se convirtieron en colaboradores de Dios, su Creador. Su amor no solo se dirigía a Dios o al prójimo, sino también al cuidado de la tierra en la que podemos habitar.

En esa escuela del amor, las palabras eran innecesarias. Después de que los cistercienses, reformadores de la regla benedictina, fueran reformados a su vez, el silencio se convirtió en el sello distintivo de los trapenses en el siglo XVII. Ese silencio sigue siendo importante porque deja todo el espacio al amor.

Amor al prójimo y amor propio

En la escuela del amor que es la abadía cisterciense, la vida en comunidad enseña lo que significa amar a los otros, cercanos y lejanos. «Puede sonar extraño para un monje», dice el abad general, «pero el camino hacia Dios pasa por el prójimo. No se trata solo del amor por los próximos que conoces y aprecias, sino también del afecto por el prójimo difícil, débil, incluso aquel que no comprendes y que no quiere o no puede comprenderte».

Según Bernardus, el amor no se limita al amor al prójimo. «En comunidad también aprendes a amarte a ti mismo. Este amor es necesario para poder mirarte a ti mismo con sinceridad. En este sentido, descubrir que eres un hijo amado de Dios es un fundamento importante. Pero tampoco se detiene aquí. También es importante el amor por la creación. Al vivir del trabajo de tus manos, aprendes a amar la tierra que tanto te da. La alternancia del día y la noche, de la lluvia y el sol, de las diferentes estaciones, es propia de la naturaleza. Te enseña a valorar la paciencia, la alegría y la generosidad, facetas importantes en el amor».

Elredo de Rieval, uno de los grandes inspiradores de la tradición cisterciense, se atrevió a escribir que Dios es amistad. Bernardus se identifica plenamente con ello: «La escuela del amor es, en definitiva, una escuela de amistad. En ella se aprende a amar y a ser amado, de forma desinteresada y sin medida. La amistad expresa la armonía en el ámbito humano y espiritual, junto con la benevolencia y el amor».

No es casualidad que en la escuela del amor la hospitalidad ocupe un lugar central. Todos los huéspedes deben ser recibidos como Cristo mismo, dice la Regla de san Benito. «Esta hospitalidad va mucho más allá de tener una habitación para invitados», explica Bernardus. «Se trata de una actitud ante la vida, de la búsqueda de un buen equilibrio entre la cercanía y el aislamiento. La búsqueda de ese equilibrio es un ejercicio práctico en la escuela del amor».

El diálogo silencioso

«El diálogo persistente y corajudo no es noticia como los desencuentros y los conflictos, pero ayuda discretamente al mundo a vivir mejor, mucho más de lo que podamos darnos cuenta» (*Fratelli tutti*, nro. 198). Con estas palabras del papa Francisco, Bernardus quiere destacar la vida y la obra de las hermanas trapenses del monasterio Fons Pacis, en Azer, Siria. «Han fundado una escuela del amor. A través del diálogo silencioso de sus vidas, valientes en medio de la guerra y la violencia de la naturaleza, siguen siendo testigos firmes de un Dios que es amor, que es amistad. Y es totalmente cierto; puede que sus vidas no aparezcan en los titulares de los periódicos, pero contribuyen a que las personas de su entorno tengan una vida mejor. Su vida silenciosa es una palabra de aliento. Gracias a su silenciosa presencia, están sucediendo muchas cosas en Siria. Hay muchos lugares en esta tierra donde, en medio de conflictos grandes y pequeños, hombres y mujeres construyen escuelas del amor siguiendo los pasos de Jesucristo. Esos lugares son la puerta del cielo. En los hermanos y hermanas que encuentras en tu camino redescubres el paraíso».

CUARTA PARTE

LA ESENCIA DE TODAS LAS COSAS

1

El vacío lleno

En nuestra época, muchas personas se enfrentan a un vacío en sus vidas y así es como describen esa experiencia. A dom Bernadus le cuesta aceptar esta formulación, ya que, desde una perspectiva cristiana, él cree que el vacío no existe. «Esto puede sonar bastante filosófico, pero para mí tiene un componente religioso. Ver el vacío como un espacio donde no hay nada me resulta extraño. Eso significaría que en la creación hay una "nada" que ni siquiera tiene que ver con Dios. Se podría decir que ese vacío fue creado por Dios, pero entonces te contradices. Porque el vacío es vacío».

Para Bernardus, el vacío está lleno de la presencia de Dios. Como Dios es plenitud, su presencia puede llenar cualquier vacío. Y, al mismo tiempo, Dios ofrece un espacio en el que el vacío es posible, es decir, el vacío para el encuentro. Para Bernardus, no puede existir un vacío puro en el que no haya nada, en el que no se pueda experimentar esa plenitud y no pueda tener lugar ningún encuentro.

«Cuando estuve en Japón, en un monasterio situado en un lugar precioso con vistas al gran océano, me invadió una sensación de vacío. Pero al mismo tiempo era un vacío lleno, que hablaba de la presencia de Dios. La construcción de las abadías es especial en ese sentido. El jardín interior de los edificios es deliberadamente un espacio vacío. Por eso es una lástima que se convierta en una especie de terraza. Puede que sea un lugar agradable para sentarse, pero no es ese el objetivo. La arquitectura original quiere mostrar algo del vacío lleno. Está lleno porque ese vacío está rodeado por la vida que se desarrolla a su alrededor. Sin esa vida, el vacío no tiene ningún significado».

2

Nuestra Señora

Cuando los monjes se establecieron en Koningshoeven, en Tilburg, hace ciento cuarenta y cinco años, colocaron una imagen de María sobre la entrada de su nueva abadía. Hasta el día de hoy, ella da la bienvenida con los brazos abiertos a todos los que pasan por la puerta. «Cuando se sale», dice Bernardus, «Nuestra Señora da a todos, por así decirlo, un empujoncito en la espalda. Sus manos abiertas simbolizan lo que ella da».

Para el abad general, María siempre ha simbolizado a aquella que guardaba y meditaba todo en su corazón. Desde su infancia, le inculcaron una sana devoción por Nuestra Señora. Rezar el avemaría, encender una vela, todo formaba parte de ello. En su juventud, descubrió en una aldea de Simpelveld una capilla dedicada a Nuestra Señora, Estrella del Mar, donde un grupo de personas rezaba el rosario por las tardes durante el mes de mayo. Le fascinaba rezar en comunidad.

En el monasterio, su amor por María se profundizó aún más, sobre todo por las fiestas litúrgicas marianas, la celebración de su memoria todos los sábados y las antífonas marianas con las que concluyen las horas de oración de los monjes. Bernardus considera que la *Salve Regina*, que cierra las completas, la última oración del día, es un hermoso canto en honor a María. «Tanto el momento en que se canta como su contenido me son muy queridos. Irradia sencillez. Después de todo el ajetreo del día, después de todas las preocupaciones, después de todas las alegrías, los monjes, junto con los huéspedes, ponemos todo en manos de Nuestra Señora. En la iglesia abacial de Koningshoeven cantamos la *Salve Regina* ante la imagen de María asunta al cielo. María es la patrona de todas las abadías y de todos los monjes y monjas. En esta imagen, María adopta una postura de oración. Ella lleva todas nuestras necesidades y alegrías ante Dios». Asimismo, los escritos de los padres del Císter, como Bernardo de Claraval, pero también de Guerrico de Igny, han profundizado su amor por María. Con el transcurso de los años, su imagen se ha vuelto cada vez más bíblica, alimentada por la liturgia.

Engrandecer a Dios

Recibir y dar: con estas palabras resume el abad general la vocación de María, y precisamente esta actitud resuena en el canto de acción de gracias que María entona en el Evangelio. Este canto se conoce como el *Magnificat*, por la primera palabra de la traducción latina, que significa «engrandece». Este «engrandecimiento» de Dios suena un poco extraño. Si Dios es el Altísimo, ¿hay alguien que pueda añadir algo más? Sin embargo, «proclamar la grandeza» de Dios no significa que Dios no sea lo suficientemente grande, sino reconocer que si nos engrandecemos nosotros mismos nos interponemos en el camino.

El *Magnificat* es un *collage* de fragmentos de salmos y textos del Antiguo Testamento. ¿Por qué María no canta su propio canto de alabanza? Bernardus responde: «Lo hace, pero a su manera. Para explicar su situación y dar voz a su fe, recurre al lenguaje de las Escrituras, a la tradición. Con estas expresiones ancestrales, da voz a lo que experimenta, haciendo que esas palabras antiguas suenen nuevas. La relación de María con la Palabra de Dios es un ejemplo para nosotros. Como monjes, no hacemos otra cosa que cantar los salmos cada día. Así entramos también nosotros en el gran espacio resonante de la fe de Israel».

María orante

Trece años después de la fundación de Koningshoeven, los monjes construyeron la iglesia abacial. La dedicaron a María, más concretamente a María Asunta al cielo. A diferencia de la imagen de María con las manos dando y recibiendo a la entrada de la abadía, aquí ella levanta las manos. María es aquí la María orante, cantora, suplicante.

«Esta imagen me recuerda que solo podemos dar y recibir de manera adecuada si ponemos a Dios en el centro de nuestra vida, si hacemos nuestra la actitud de oración que se representa en esta imagen. Debemos imitar a María, que está de pie con las manos levantadas».

En los últimos años, Bernardus se ha sentido especialmente fascinado por la imagen de Nuestra Señora del Silencio. Este icono es reciente, pero su contenido tiene raíces antiguas. Se encuentra en el lugar de peregrinación italiano de Avezzano, en los Abruzos. En este icono vemos a María con dos gestos que la caracterizan. Con la mano izquierda hace un gesto de «alto» y con la derecha se lleva un dedo a la boca. Ella invita al peregrino a detenerse para dejar espacio al misterio de Dios, algo que solo es posible mediante el silencio. «De este modo, María nos muestra que es bueno estar en silencio en determinados momentos. A menudo, las personas no paran de correr. Nosotros, los monjes, también lo hacemos. Es importante detener el torbellino que hay en nuestro interior. Debemos estar en silencio ante la presencia de Dios».

3

Todo empieza por la escucha

La primera palabra de la Regla de san Benito es «escucha», y poco después añade un elemento adicional: hay que escuchar con «el oído del corazón». Pero ¿qué significa realmente escuchar? ¿Se trata de obedecer? ¿Escuchar implica que una persona no puede hablar? Por cierto, ¿cuál es la diferencia entre escuchar y oír? ¿No consiste el arte supremo de escuchar en oír precisamente lo que hay más allá de las palabras? Escuchar en una vida trapense suena un poco contradictorio. ¿No viven sobre todo en silencio? ¿A quién o a qué escuchan entonces?

Activo y pasivo

Mientras que nosotros entendemos fácilmente la escucha como una actividad, desde el punto de vista benedictino escuchar supone una buena dosis de pasividad. Lo que pretende nuestro abad general nos recuerda lo que hacemos al ordenar el salón de casa cuando esperamos una visita. Se apartan las cosas personales con vistas a lo que es fundamental en la Regla de san Benito: la hospitalidad.

Según Bernardus, *escuchar* se sitúa en varios niveles al mismo tiempo. «Está la escucha de la Palabra. Esta apertura a lo que Dios quiere decirnos sorprende a menudo al ser humano. Además de esa escucha, está la escucha del prójimo y la escucha de las circunstancias. Debemos entrenar nuestro oído para distinguir en lo que sucede lo que se espera de nosotros».

Escuchar, orar y guardar silencio

«Esta mañana, a las cuatro, me dirigí a la celda. La luna derramaba silencio sobre el bosque y la hierba helada crujía ligeramente. Más de dos horas orando a la luz del fuego de la chimenea. El sol salió a las 6:45. El aroma dulce y penetrante de la madera del nogal de nuez amarga y silencio, silencio. Pero luego, de nuevo, pájaros: presencia, atención»[10]. Refiriéndose a estas palabras de Thomas Merton, Bernardus recuerda su visita a Canadá. En una de las abadías trapenses vio el texto: «*Listen* [escuchar] *and silent* [estar en silencio] *are spelled with the same letters. Think about that!*». En neerlandés y en español es imposible reproducir el juego de palabras [que significa que, en inglés, las expresiones *escuchar* y *estar en silencio* se escriben con las mismas letras combinadas de manera diferente. A ello sigue la invitación a *pensar en ello*], pero es cierta la profunda verdad de que silencio y escucha son parientes. Están indisolublemente unidos.

Para Bernardus, escuchar tiene que ver con la paz y la tranquilidad interior. «Si mi interior no está en orden, si mi mente está dominada por todo tipo de cosas, no soy capaz de escuchar. Para mí, escuchar significa estar presente con atención. Cuando escucho a alguien, intento dejar mis prejuicios a un lado».

Antes de visitar una abadía, el abad general estudia el contexto social y eclesiástico de la comunidad en cuestión y trata de comprender la historia reciente del lugar. «Mi intención durante las conversaciones con los hermanos y hermanas es sobre todo escuchar con la mente y el corazón abiertos. Para ello, el silencio en mi corazón es indispensable. Desde ese silencio, trato de formarme una imagen de la vida

---

[10]   Thomas MERTON, *Dancing in the Water of Life: Seeking Peace in the Hermitage*, HarperOne, New York (NY) 1997, 92.

real en la comunidad y de ver cómo y dónde puedo ayudar o decir una palabra de aliento».

La sociedad, y también la Iglesia, están en constante evolución. Para Bernardus, una abadía trapense no se encuentra en un universo paralelo. Los trapenses deben conectar con la Iglesia y la sociedad y buscar una y otra vez cómo la vida cisterciense puede tomar forma aquí y ahora. No cree en una vida trapense que se eleve por encima de cualquier contexto, ni en el ideal romántico de una existencia cisterciense estática. Por supuesto, a veces escucha la crítica, tanto dentro como fuera de la orden, de que en algunas comunidades ya no se ora ni se trabaja como deben hacerlo los verdaderos trapenses. «Pero la Regla es clara al respecto», dice el abad general. «La idea de *monjes iguales, capuchas iguales* no es lo que propone la Regla de san Benito. Esta quiere respetar plenamente la individualidad de cada monje. En mi opinión, un abad debe hacer todo lo posible para que la individualidad de cada uno florezca, dentro de los límites de un marco acordado, por supuesto. Los tiempos cambiantes exigen que se busquen otras respuestas a la pregunta de cómo podemos, como trapenses, permanecer fieles a la esencia de nuestra vida. El silencio es, sin duda, indispensable en ese ejercicio de reflexión».

4

Fan de Jesús

Bernardus profundiza aún más en la relación entre *orar* y *escuchar*. Para él, estas dos palabras están en el mismo nivel; orar es sinónimo de escuchar y escuchar es sinónimo de orar. «Jesús mismo me enseña que orar implica una actitud de escucha, una atención constante al Padre. Para mí, escuchar a Jesús es sinónimo de su oración incesante al Padre. Solo desde esta perspectiva puedo comprender quién es Jesús». Bernardus se describe a sí mismo como un auténtico fan de Jesús. «Quizás no sea teológicamente correcto, pero todo lo que hago, lo hago en nombre de Jesús. Para mí, Jesús es el camino hacia el Padre, el camino hacia Dios. Para mí, Jesús está muy cerca».

La relación con Jesús se concreta para Bernardus a través de la práctica de la *lectio divina*, que ocupa un lugar destacado en la tradición de oración de los cistercienses. «Al leer el Evangelio todos los días y estar así con Jesús, es como si él se sentara a mi lado. Jesús no es el objeto de la meditación, es él quien me habla. Recuerdo muy bien que antes me costaba mucho rezar los salmos. Pero los salmos son la ración diaria de oración de un monje... Fue mi padre espiritual quien me dio la solución. Me dijo que rezara los salmos en nombre de Jesús, que no era yo quien rezaba los salmos, sino Jesús. Eso lo cambió todo para mí. Jesús, que vive en mí, también ora en mí. Solo tengo que unirme a esa oración. Me quedó claro lo que Pablo quiere decir cuando afirma que es el Espíritu el que ora en nosotros, que es él quien dice: «*Abbá*, Padre».

Para Bernardus, la oración es una experiencia real de Cristo, que es liberadora porque evoca la cercanía de Jesús. El cristianismo es, ante todo, una forma de ser y de actuar. No es una teoría. Aunque está convencido de que un cristiano no puede prescindir de una doctrina, de un magisterio, el encuentro y el seguimiento de Cristo ocupan un lugar central. La enseñanza de Jesús es como una fuente que da vida. No es casualidad que el gran interés de Bernardus por Cristo desembocara en la elección de la cristología durante sus estudios.

La comunidad en torno a Cristo

El cristianismo trata de una relación, de un encuentro con Dios, un Dios que se ha hecho hombre, que actúa en el tiempo y en la cultura. ¿Dónde se sitúa entonces la Iglesia? Ella hace de las personas una comunidad que tiene a Cristo en su centro, pero nadie puede negar que en Occidente está atravesando una crisis.

Según Bernardus, la crisis de la Iglesia se sitúa principalmente en la experiencia de la comunidad con Cristo. «Por eso considero tan importante el proceso sinodal», afirma. «Como Iglesia, corremos el peligro de dejar pasar la gracia de este tiempo, porque no comprendemos que la sinodalidad exige un cambio en el modo de pensar y de actuar. Si realmente queremos formar una comunidad, debemos pasar del yo al nosotros. El yo debe morir para resurgir en una comunidad abierta al soplo del Espíritu en este tiempo».

La cristología en primer plano

Con su elección de estudiar dogmática, Bernardus pudo dar rienda suelta a su interés por la cristología. «Jesucristo es el centro de mi vida. Pero no se trata solo de la experiencia.

La razón también debe tener su lugar. Sigo disfrutando al reflexionar sobre Jesús. Hace poco leí un libro del jesuita James Martin. Su visión refuerza mi fe, pero al mismo tiempo experimento cómo, como trapense, lo vivo de otra manera. Cuando él medita sobre Jesús, adopta la posición del espectador que mira a Jesús. Por muy valioso que esto sea, mi experiencia es diferente. Jesús no está fuera de mí, sino dentro de mí. Me siento más cómodo con los místicos. Su lenguaje es más visionario, surge de una presencia».

Cuanto más habla el abad general sobre esto, más claro queda que para él seguir a Cristo es mucho más que el recuerdo de una gran historia, un sistema de sentido global, una colección de ritos y símbolos, una forma de espiritualidad como hay otras, una ética que sirve para que el mundo sea habitable para individuos y grupos. «El Dios en el que muchos creyeron en nuestras regiones durante los siglos pasados era a veces un ídolo creado por nosotros mismos. Un Dios como una proyección, injertado en una cultura impregnada de cristianismo. El Dios que se revela en y a través de Cristo es muy diferente. Debemos estar abiertos a lo inesperado de la figura de Cristo. No podemos llegar a él mediante nuestros propios esfuerzos intelectuales o de otro tipo. Una vez más, el encuentro es la clave para conocer a Jesús».

5

Mirar al cielo

Cuando alguien afronta la vida con una mirada contemplativa, es bueno detenerse un momento a reflexionar sobre lo que puede significar el cielo. Bernardus constata con decepción que hoy en día apenas se habla del cielo. «Para muchos, la perspectiva no va más allá de la realidad terrenal. Pero creo que es importante que, como seguidores de Cristo, creamos que estamos en camino hacia el cielo. Es una perspectiva atractiva que da sentido a nuestra vida en la realidad actual».

Pero, una vez más, ¿qué es el cielo? ¿Dónde está ese cielo en tiempos de guerra, recesión económica y crisis climática? Para muchos contemporáneos, el cielo parece cerrado. «En mi opinión, el cielo no tiene nada que ver con nuestras ideas humanas de arriba o abajo, largo o ancho», dice Bernardus. «Al mismo tiempo, la fe en el cielo no es un espejismo ni un sueño. Es una realidad, y aquí utilizo las palabras del papa Benedicto XVI, que define el cielo como una persona. Yo creo que vamos al cielo dirigiéndonos hacia Jesucristo. Entramos en el cielo que él mismo es para nosotros. ¡Él es el cielo! Esperar el encuentro con él es la perspectiva que me atrae de este otro mundo y me empuja hacia él para estar con él».

Bernardus se refiere en este contexto a uno de los artículos de la profesión de fe sobre Cristo, que ascendió al cielo y está sentado a la derecha del Padre. «Creo que en el cielo estaremos en Jesucristo y nos encontraremos al lado del Padre. El cielo es una comunidad, no un lugar estático donde simplemente nos sentamos en un trono. Estar en el cielo es hablar con Cristo y con el Padre por el bien del mundo. En el cielo podemos participar en la misión de Jesús. Una misión que no se limita a los confines del cielo –si es que los hay–, sino que se extiende hasta los confines de la tierra».

Pero si el cielo es una persona, es decir, Jesucristo, ¿no deben entonces sus seguidores, los cristianos, hacer visible y tangible el cielo en la tierra? «Esa es, en efecto, la tarea de los creyentes. Así como Jesucristo nunca está lejos, sino oculto a primera vista, así también el cielo está oculto, pero también visible entre nosotros. Jesucristo se hace presente cuando abrimos las Sagradas Escrituras y celebramos los sacramentos; pero también –y no debemos olvidarlo– en pequeños gestos de compasión. Me gusta describir el cielo como la experiencia de Jesucristo en la realidad concreta de nuestra vida cotidiana. Dondequiera que él se hace visible, vemos y experimentamos algo del cielo. Después de nuestra muerte, seremos acogidos en la realidad plena que es Jesucristo. Entonces veremos el cuadro completo».

6

La vida eterna

A Bernardus su padre le advirtió expresamente de que la puerta de la abadía de Koningshoeven, donde él quería ingresar, se cerraría para siempre tras él y no volvería a salir. Como abad general, Bernardus viaja ahora por todo el mundo. Al reflexionar sobre las palabras de su padre, responde: «Mi padre debería saberlo... Pero él lo sabe, por supuesto». Para Bernardus, creer en la vida eterna es algo evidente.

Resurrección del cuerpo

Dom Bernardus está convencido de que la imagen de Dios se mantiene firme solo cuando la rebeldía de la vida encuentra su lugar en ella. Las dificultades y el sufrimiento no deben ocultarse bajo la alfombra. Por eso le molestaron algunas declaraciones durante la pandemia del coronavirus. Quien proclama que «todo siempre sale bien» o que «después del Viernes Santo siempre llega la Pascua», está ocultando la realidad. El abad general estuvo gravemente enfermo durante la pandemia. Esta experiencia le hizo ser mucho más consciente de la profundidad del acontecimiento pascual. Al respecto, dice: «La Pascua me resulta escandalosa. Se trata de la resurrección de un muerto, algo que ni se había visto nunca antes ni se ha vuelto a ver. Jesús no es reanimado, no se encontraba en una muerte aparente. ¡Se levanta de entre los muertos! Esto no se puede reducir simbólicamente a la sabiduría popular según la cual después de la lluvia viene el sol. En Pascua algo ha cambiado por completo: ¡Jesús vive!

Vive en la realidad que nos rodea. En la pandemia, la Pascua se ha hecho visible. Jesús vive y Dios estaba allí. También cuando yo estaba en la cama con cuarenta grados de fiebre». La resurrección es muy importante para dom Bernardus. Según él, los testimonios bíblicos dejan claro que se trata de un acontecimiento histórico y real. Se sitúa en el tiempo, se menciona un lugar específico, se nombra a determinadas personas. «Cristo vive, también hoy. La resurrección muestra que hay más que el mundo visible. Para mí, la resurrección equivale a la ruptura definitiva del círculo vicioso de violencia que mantienen los poderosos de este mundo. La resurrección muestra el "sí" definitivo de Dios a nuestra humanidad, incluida nuestra vulnerabilidad».

El Viernes Santo deja claro a Bernardus lo mucho que el mal es una realidad y lo mucho que necesitamos perspectiva. «Si no existiera más que nuestro mundo con guerras, personas huyendo y crisis ecológicas y de otro tipo, la desesperación llamaría a mi puerta. Para mí, la resurrección es luz en la oscuridad. Esto no significa que la oscuridad haya desaparecido, que todo sea de repente bueno, que el mal haya dejado de existir gracias a la resurrección de Cristo. Las heridas de Cristo son un símbolo poderoso. No han desaparecido del Cristo resucitado. El Resucitado incluso invita a los apóstoles a mirar sus heridas y tocarlas, para convencerlos de que es él. Si hay algo que la vida monástica me ha enseñado, es el descubrimiento de que en la herida se esconde la resurrección. De este modo, se evita la ilusión de que el dolor y el sufrimiento no importan».

Bernardus lamenta que en las parroquias no se celebre el Sábado Santo. «A veces tengo la sensación de que podríamos saltarnos perfectamente el Sábado Santo. Es como si con el Viernes Santo ya tuviéramos un pie en la Pascua. "Dios mío, ¿por qué me has abandonado?" no fueron palabras vacías de Jesús, sino que expresaban la experiencia de una profunda realidad».

Bernardus concluye sus reflexiones sobre la vida eterna con la observación de que los discípulos de Jesús, tras su resurrección, se dirigen a él sistemáticamente como *Kýrios*, Señor, un título que solo correspondía al gran y poderoso emperador de Roma. Este gobernante solo conocía una forma de gobernar: la violencia. Jesús fue víctima inocente de una de las formas más atroces de violencia: la muerte en la cruz. Al resucitar a Jesús de entre los muertos, Dios muestra que hay otra respuesta a esa forma de gobernar, a saber, el amor. Demuestra que el amor es más fuerte que la muerte.

La vida vale la pena

Si Jesús no hubiera resucitado, la vida monástica de Bernardus consistiría únicamente en admirar y recordar a Jesús de Nazaret, un héroe que vivió hace dos mil años. Entonces, sin duda, pertenecería al núcleo duro de su club de fans, que lo daría todo por honrar el museo de la vida y las obras de Jesús.

Ahora que Jesús vive, Bernardus no vive en un museo, sino en una realidad en la que Cristo puede estar presente, en parte gracias a la vida de los monjes y monjas trapenses. A su vez, Bernardus puede estar presente en Cristo por su fe en él. Sin la resurrección, este vínculo vivo no sería posible. La resurrección hace que el ser humano pueda estar unido a Cristo siempre y en todas partes, en el tiempo y en el espacio. Gracias a la resurrección, la Palabra de Dios no suena como una voz del pasado, sino como una palabra de hoy.

«Experimento que la vida vale la pena. Estoy agradecido por poder vivir en esta época. Aparentemente, solo tenemos que lidiar con una vida dura llena de problemas. Pero Dios me ha dado este tiempo y no otro. Al parecer, él pensó que este tiempo me haría bien. De lo contrario, en su bondad, me habría dejado nacer en otra época. ¡Estoy agradecido porque puedo buscar a Dios y puedo vivir!».

Epílogo

Siempre me he preguntado de qué manera Dios obra en mi vida. Durante años he llevado dentro el deseo de conocerlo mejor. En esta peregrinación, la abadía trapense de Orval, situada en el extremo sur de Bélgica, es desde hace más de medio siglo una parada habitual. Por eso, me gusta terminar aquí el relato de mis conversaciones con dom Bernardus Peeters, mientras contemplo las grandes imágenes de los reformadores de la vida contemplativa, Roberto de Molesme, Alberico de Císter, Esteban Harding y Bernardo de Claraval.

He recibido mucho durante las conversaciones con Bernardus Peeters. La lección más importante que me llevo es que la vida misma, aquí y ahora, es la respuesta a las preguntas que me planteo. No debo querer estar en otro lugar, ni inventar excusas para afrontar cada mañana mi vida. En el lugar donde vivo y en las personas que se me han dado, puedo experimentar el amor de Dios.

Optar por vivir las paradojas que nos presenta la vida es otro hilo conductor que llevo conmigo en mi equipaje. Buscar el equilibrio entre el trabajo y la oración, la tensión y la paz interior, la enfermedad y la salud, el sufrimiento y la redención, el aislamiento y la conexión, amar y ser amado es, según he aprendido, algo muy característico de la Regla de san Benito.

Me ha gustado escuchar a dom Bernardus, que con su voz tranquila expresa el misterio más profundo de la vida. Con un lenguaje accesible, me ha hecho comprender la importancia del silencio y cómo Dios se esconde en todo lo que nos depara la vida. Acojo con gratitud la sabiduría de Bernardus y espero que también sea así para vosotros, lectores y lectoras.

Así como no existimos sin los demás, este libro también ha sido creado con la ayuda de otras personas. Quiero mencionarlas con gran gratitud. Nombro expresamente a Toon Osaer, que está en los orígenes de este proyecto; a Eugène Dassen y a mi hermano Guido, sin cuya colaboración no habría sido posible escribir esta obra. También quiero referirme a Harold Polis y Erik Galle, de la editorial Otheo Books. El trabajo minucioso que este último ha dedicado a este libro me ha enseñado a centrarme en lo esencial en mi escritura y, sobre todo, en Aquel a quien realmente se refiere. Por último, pero no por ello menos importante, estoy agradecido a mi esposa y a mis hijos por haberme dado el tiempo y el espacio necesarios para trabajar en este proyecto. Por eso dedico este escrito a Bella, Kenny y Toon, mis compañeros más queridos y fieles en mi peregrinación. Quiero recordarles el lema vital de dom Bernardus, que yo mismo sigo considerando un tesoro: «¡Busca a Dios y vive!».

HUGO VANHEESWIJCK
Orval